José Roberto Andrade e Silva

GESTÃO
DE NEGÓCIOS

Av. das Nações Unidas, 7221, 1º Andar, Setor B
Pinheiros – São Paulo – SP – CEP: 05425-902

SAC 0800-0117875
De 2ª a 6ª, das 8h00 às 18h00
www.editorasaraiva.com.br/contato

Vice-presidente	Claudio Lensing
Coordenadora editorial	Rosiane Ap. Marinho Botelho
Editora de aquisições	Rosana Ap. Alves dos Santos
Assistente de aquisições	Mônica Gonçalves Dias
Editora	Silvia Campos Ferreira
Assistente editorial	Paula Hercy Cardoso Craveiro
Editor de arte	Kleber de Messas
Assistente de produção	Fabio Augusto Ramos
	Katia Regina
Produção gráfica	Marli Rampim
Preparação	Larissa Wostog Ono
Revisão	Jurema Aprile
Diagramação	Villa d'Artes Soluções Gráficas
Projeto gráfico de capa	M10 Editorial
Impressão e acabamento	Bartira

DADOS INTERNACIONAIS DE CATALOGAÇÃO NA PUBLICAÇÃO (CIP)
ANGÉLICA ILACQUA CRB-8/7057

Silva, José Roberto Andrade e
 Gestão de negócios : planejamento e organização para indústria / José Roberto Andrade e Silva. -- São Paulo : Érica, 2018.
 264 p.

Bibliografia
ISBN 978-85-365-2725-3

1. Administração de empresas 2. Negócios 3. Planejamento estratégico 4. Administração da produção 5. Marketing I. Título

17-1850   CDD-658
                                  CDU-658

Índices para catálogo sistemático:
1. Administração de empresas

Copyright© 2018 Saraiva Educação
Todos os direitos reservados.

1ª edição
2018

Autores e a Editora acreditam que todas as informações aqui apresentadas estão corretas e podem ser utilizadas para qualquer fim legal. Entretanto, não existe qualquer garantia, explícita ou implícita, de que o uso de tais informações conduzirá sempre ao resultado desejado. Os nomes de sites e empresas, porventura mencionados, foram utilizados apenas para ilustrar os exemplos, não tendo vínculo nenhum com o livro, não garantindo a sua existência nem divulgação.

A Ilustração de capa e algumas imagens de miolo foram retiradas de <www.shutterstock.com>, empresa com a qual se mantém contrato ativo na data de publicação do livro. Outras foram obtidas da Coleção MasterClips/MasterPhotos© da IMSI, 100 Rowland Way, 3rd floor Novato, CA 94945, USA, e do CorelDRAW X6 e X7, Corel Gallery e Corel Corporation Samples. Corel Corporation e seus licenciadores. Todos os direitos reservados.

Todos os esforços foram feitos para creditar devidamente os detentores dos direitos das imagens utilizadas neste livro. Eventuais omissões de crédito e copyright não são intencionais e serão devidamente solucionadas nas próximas edições, bastando que seus proprietários contatem os editores.

Nenhuma parte desta publicação poderá ser reproduzida por qualquer meio ou forma sem a prévia autorização da Saraiva Educação. A violação dos direitos autorais é crime estabelecido na lei nº 9.610/98 e punido pelo artigo 184 do Código Penal.

CL 641883   CAE 626506

Agradecimentos

Agradeço a Deus, inicialmente, pela oportunidade de ensinar mais um pouco.

À minha amada esposa e mãe do meu filho Gabriel, pela ajuda para a elaboração deste livro.

À editora, pela oportunidade e paciência.

Sobre o autor

José Roberto Andrade e Silva é graduado em Administração de Empresas pela Faculdade São Luís (FSL). Atualmente, é professor da área de gestão do SENAI-SP. É sócio gerente da J. Andrade Consultoria e A&S Concept desde 1997, na área de Organização Empresarial, desenvolvendo projetos de organização e otimização de processos. Atuou nas áreas de Organização e Métodos na Vicunha S.A., e de Recursos Humanos e Administração Comercial na Camargo Soares Empreendimentos, entre outras empresas.

APRESENTAÇÃO 11

Capítulo 1 – VISÃO SOBRE A ADMINISTRAÇÃO 13
   1.1 História da administração... 13
   1.2 Cronologia evolutiva da administração 14
   1.3 O empreendedorismo em uma economia globalizada 17
      1.3.1 A globalização... 18
   1.4 A empresa.. 19
      1.4.1 Definição... 20
      1.4.2 Objetivos... 21
      1.4.3 Estrutura organizacional da Empresa 4.0 21
      1.4.4 Modelos de organograma.. 23
   1.5 Classificação das empresas.. 26
      1.5.1 Classificação por setor econômico.................................... 26
      1.5.2 Classificação por propriedade... 27
      1.5.3 Classificação por atividade econômica 27
      1.5.4 Classificação pela forma jurídica..................................... 27

1.5.5 Classificação quanto ao faturamento 27
1.5.6 Classificação a partir do tamanho do quadro de funcionários 28
1.5.7 Regimes de apuração fiscal 28
1.6 A Indústria 4.0 29
1.6.1 O Brasil 30
1.6.2 Os princípios da Revolução Industrial 4.0 31

Capítulo 2 – PLANEJAMENTO 33

2.1 O planejamento da empresa 33
2.1.1 Missão 34
2.1.2 Visão 34
2.1.3 Valores 34
2.2 Etapas do planejamento 35
2.2.1 Planejamento 35
2.2.2 Estabelecimento de objetivos e metas 35
2.3 Abrangência do planejamento 36
2.3.1 Planejamento estratégico 36
2.3.2 Planejamento tático 37
2.3.3 Planejamento operacional 37
2.3.4 Modelo de plano de negócios 38
2.4 Diagnóstico da empresa 47
2.5 Administração de recursos humanos 49
2.5.1 Conceito de administração de pessoal 49
2.5.2 Descrição de cargos 52
2.5.3 Recrutamento e seleção dos candidatos 54
2.5.4 O trabalho na Indústria 4.0 55
2.5.5 Registro de funcionários 56
2.6 Noções de direitos trabalhistas 60
2.6.1 A Constituição Federal e a CLT 60
2.6.2 Contrato individual de trabalho 60
2.6.3 Folha de pagamento 63
2.6.4 Jornada de trabalho 68
2.6.5 Dissolução do contrato de trabalho 77
2.6.6 Seguro-desemprego 79

Capítulo 3 – ORGANIZAÇÃO DA EMPRESA 81

3.1 Espaços físicos em ambientes corporativos 81
3.1.1 Importância 81
3.1.2 Princípios da ergonomia 82
3.2 Organização da empresa 85
3.2.1 Normas e procedimentos da organização 86
3.3 Tratamento de informações 89

3.3.1 Princípios éticos e valores.. 89

3.3.2 Procedimentos de segurança.. 91

3.4 Meios de produção e trabalho 92

3.4.1 Características, finalidades e operacão 92

3.4.2 Equipamentos de informática.. 93

3.5 Recursos consumíveis.. 96

3.5.1 Otimização e racionalização de recursos 96

3.6 Máquinas e equipamentos industriais 97

3.7 Ferramentas da qualidade... 98

3.7.1 *Kaizen* (fazer melhor) 99

3.7.2 *Housekeeping* 100

3.7.3 Programa 5S 100

3.7.4 Ciclo PDCA... 101

3.7.5 Diagrama de Pareto... 102

3.7.6 Diagrama de Ishikawa 103

3.7.7 5W2H 105

3.7.8 *Brainstorming* 106

3.7.9 Fluxograma 106

3.7.10 Técnica GUT 108

3.8 Saúde e segurança do trabalho 109

3.8.1 Segurança do trabalho 110

3.8.2 Acidentes de trabalho.. 110

3.8.3 Agentes agressores à saúde – NR-09 110

3.8.4 Equipamentos de proteção individual e coletiva (NR-06)..................... 112

3.8.5 Qualidade de vida no trabalho 114

3.8.6 Procedimentos de segurança no trabalho... 115

3.8.7 Segurança e saúde ocupacional – OHSAS 18001 117

3.8.8 Inspeções de segurança... 119

3.8.9 Sinalizações de segurança 119

3.8.10 Prevenção e combate a incêndio.. 121

3.8.11 Programa de Prevenção de Riscos Ambientais (PPRA)...................... 122

3.9 A empresa e a qualidade ambiental 123

3.9.1 A utilização desmedida do meio ambiente 123

3.9.2 Normas e procedimentos ambientais – ISO 14000............................. 124

3.9.3 Aquecimento global... 126

3.9.4 Descarte de resíduos 127

3.9.5 Uso racional dos recursos e energias disponíveis............................... 129

Capítulo 4 – ADMINISTRAÇÃO DA PRODUÇÃO.. 135

4.1 Arranjo físico das instalações 136

4.1.1 Arranjo físico por produto ou linha.. 136

4.1.2 Arranjo físico por processo ou funcional.. 140

4.1.3 Arranjo físico celular 141

4.1.4 Arranjo físico por posição fixa 142

4.1.5 Arranjo físico misto 144

4.1.6 Determinação do espaço físico.. 145

4.1.7 O espaço físico na Indústria 4.0 148

4.2 Planejamento e controle da produção.. 148

4.2.1 Sistemas de produção... 149

4.2.2 PCP no planejamento da empresa 150

4.2.3 Metodologia para a implantação do PCP 151

4.3 A Revolução Industrial 4.0 e as fábricas inteligentes........................... 155

4.3.1 Internet das Coisas (IoT – Internet of Things) 156

4.3.2 Big Data Analytics.. 156

4.3.3 Plataformas industriais via internet... 157

4.3.4 Segurança dos provedores de comunicação 158

Capítulo 5 – LOGÍSTICA 161

5.1 Logística.. 161

5.1.1 Gerenciamento da cadeia de abastecimento ou
Supply Chain Management (SCM) 161

5.1.2 Administração de materiais... 163

5.1.3 Compras 164

5.1.4 A logística na Indústria 4.0 164

5.2 Transporte 166

5.3 Armazenagem 172

5.3.1 Recebimento.. 172

5.3.2 Estoques.. 172

5.4 Administração de estoques 173

5.4.1 Planejamento de recursos materiais.. 173

5.4.2 Just in time (JIT) 174

5.4.3 Cross docking 174

5.4.4 Logística reversa 175

5.5 Os principais elementos dos custos logísticos 177

5.6 Embalagens 179

Capítulo 6 – CONTABILIDADE 183

6.1 Contabilidade introdutória... 183

6.1.1 Procedimentos contábeis básicos... 186

6.1.2 As causas das variações no Patrimônio Líquido........................ 191

6.1.3 Estática patrimonial (balanço) 194

6.2 Introdução à gestão de custos.. 196

6.2.1 Princípios fundamentais da contabilidade aplicados em custos 196

6.2.2 Conceitos e denominações utilizadas pela contabilidade de custos............ 197

6.2.3 Objetivos da contabilidade de custos 198
6.2.4 Legislação brasileira 199
6.2.5 Finalidades da contabilidade de custos 199
6.2.6 Elaborando e codificando um sistema de contas de custos e receita........... 200
6.2.7 Sistemas de custeio.. 206

6.3 Elementos de custos 206

6.4 Sistema Financeiro Nacional.. 209
6.4.1 Como funciona o Sistema Financeiro Nacional.......................... 211
6.4.2 Conselho Monetário Nacional.. 211
6.4.3 Termos técnicos utilizados no Sistema Financeiro Nacional 217

6.5 Introdução à organização financeira e tributária............................. 219

Capítulo 7 – MARKETING..227

7.1 Conceitos de marketing.. 227

7.2 O mercado.. 230
7.2.1 Noções de mercado.. 230
7.2.2 Segmentação de mercado 230
7.2.3 Posicionamento de mercado 231
7.2.4 A Revolução Industrial 4.0 e o mercado 232

7.3 Pesquisa de mercado... 233
7.3.1 Definição de pesquisa de mercado.. 233
7.3.2 A elaboração da pesquisa de mercado..................................... 233

7.4 Determinação do preço dos produtos 236
7.4.1 Margem adicional... 237
7.4.2 Tipos de margem adicional 239
7.4.3 Flexibilizando preços.. 240

7.5 Endomarketing... 241

7.6 Propaganda 243
7.6.1 A empresa se comunicando com o mercado.............................. 243
7.6.2 Políticas e programas de fidelização.. 245

EXERCÍCIOS PARA FIXAÇÃO 247

REFERÊNCIAS BIBLIOGRÁFICAS 263

APRESENTAÇÃO

Em uma indústria acontecem várias atividades ao mesmo tempo, incluindo técnicas e especialidades diferentes, com o propósito de obter resultados precisos, assemelhando-se a uma orquestra com afinação perfeita, cujos músicos são capazes de tocar as mais inspiradoras obras. Para isso, basta que se tenha maestros capazes de harmonizar todos os instrumentos.

Estas são as características desejáveis para se exercer a função de administrador industrial: mente técnica e analítica, com amplo conhecimento sobre as atividades e necessidades de sua empresa, que irá equilibrar essas atividades, direcionando adequadamente a empresa.

Este livro foi desenvolvido visando apoiar esse administrador industrial, por meio de conceitos e exemplos. Foi dividido em sete capítulos, descritos a seguir.

Capítulo 1 – Visão sobre a Administração: uma breve apresentação sobre a abrangência e relevância da administração dentro da empresa. Ou seja, como é possível a empresa tirar vantagem de uma boa administração.

Capítulo 2 – Planejamento: o planejamento simplifica as atividades e esclarece seus aspectos, antecipando possíveis erros e evitando-os, pois estes resultarão, na maioria dos casos, em retrabalhos e custos adicionais desnecessários. Nesse capítulo, veremos aspectos que, se planejados, auxiliarão no sucesso do empreendimento.

Capítulo 3 – Organização da Empresa: a organização é um fator importante tanto na vida privada quanto na empresa, de forma coerente e funcional, com base em princípios predefinidos. Isso permite que os colaboradores entendam os motivos que regem os caminhos que a empresa trilha e possam seguir nesse mesmo rumo, concentrando suas energias para um mesmo fim.

Capítulo 4 – Administração da Produção: mesmo não sendo a única área da empresa, a área produtiva é o coração de uma empresa industrial. Ou seja, as atividades de produção precisam ser projetadas tendo em vista as necessidades e finalidades às quais a empresa se propõe.

Capítulo 5 – Logística: a movimentação é um tema que merece ser avaliado separadamente, uma vez que pode envolver custos diversos, o que pode impactar no resultado das operações da empresa. Assim, este capítulo trata de vários aspectos da logística dentro de uma empresa industrial.

Capítulo 6 – Contabilidade: a contabilidade é a principal ferramenta de controle da empresa. Com ela podemos vislumbrar o passado, o presente e o futuro. Por meio dos controles contábeis, é possível analisar a situação inicial da organização, as decisões tomadas e seus reflexos que nos levaram à situação atual, e, assim, utilizando esse histórico, analisar as tendências de mercado, que nos permitirão uma tomada de decisões adequada, ajustando e direcionando o negócio de forma profissional. São os resultados das várias análises efetuadas que garantirão a presença da empresa no mercado de forma saudável, permitindo projetos a longo prazo, sua expansão, diversificação etc.

Capítulo 7 – Marketing: toda empresa está inserida em um mercado. O perfeito entendimento das relações da empresa com o mercado nos permitirá desenvolver produtos e/ou serviços cada vez mais adequados às tendências de mercados e ajustados às condições e aos recursos disponíveis de seus consumidores. São as atividades de marketing que direcionarão os esforços para manter a empresa bem posicionada no mercado, acompanhando e se salientando diante da sempre crescente competitividade.

Capítulo 1

Visão sobre a Administração

1.1 História da administração

Segundo o dicionário *Aurélio*, uma das definições da palavra **história** é "ciência ou disciplina que estuda fatos passados". Na administração, conhecer enfoques anteriores é importante para identificar caminhos, prioridades, linhas de ação, entre outros.

Neste primeiro capítulo, veremos os principais períodos da administração – enfoques que, apresentando diferentes formas de pensamento e diversas maneiras para a solução de problemas e necessidades, colaboraram para chegarmos à evolução que temos hoje.

1.2 Cronologia evolutiva da administração

	Primeira Revolução Industrial
1760	**Primeira Revolução Industrial** – início da produção executada por máquinas, utilização do carvão e do vapor como fonte de geração de energia.

	Segunda Revolução Industrial
1870	**Segunda Revolução Industrial** – início da produção em massa com a adoção sistemática e gradual dos meios de produção através de novos processos tecnológicos, a implantação das grandes ferrovias e a adoção cada vez maior de equipamentos movidos a vapor, carvão e energia elétrica.
1911	**Frederick Winslow Taylor (1856-1915)** – início da administração científica ou mecanicista (Taylorismo) através da administração de tarefas e solução de seus problemas recém-surgidos com a industrialização e processos.
1912	**Frank Bunker Gilbreth (1868-1924)** e **Lillian Moller Gilbreth (1878-1972)** – seu trabalho desenvolvido sobre os movimentos, a fadiga e a psicologia no campo industrial resultaram em significativa evolução no estudo da administração.
1915	**Henry Laurence Gantt (1861-1919)** – começou a trabalhar com Taylor em 1887 e em 1888 já era seu assistente direto. Em seus trabalhos, Gantt foi um dos primeiros a salientar a importância do ser humano dentro da indústria. Um dos trabalhos desenvolvidos por Gantt que se popularizou, resultando em uma ferramenta de uso generalizado e muito eficiente, é o chamado "gráfico de Gantt". O gráfico de Gantt se baseia no uso de barras horizontais e, através das interconexões existentes entre as tarefas, identifica quais podem ser antecipadas ou terem sua data de execução otimizada, sempre visando a redução do prazo para a finalização do projeto. A forma como as atividades, suas durações e datas são apresentadas permite uma perfeita visualização do desempenho do projeto: atual *versus* planejado.
1913	**Henry Ford (1863-1947)** – elaborou o primeiro conceito de linha de montagem móvel. Esse conceito, muito utilizado até hoje, permite ao funcionário ficar parado enquanto recebe os produtos que estão em fase de produção em suas estações de trabalho. Institui também o conceito da relação do custo de produtividade, ou seja, quanto mais podemos produzir em um mesmo intervalo de tempo utilizando os mesmos recursos, menor será o custo do produto. Com esse conceito, Ford foi o responsável pelos maiores salários oferecidos para trabalhadores na época.
1916	**Jules Henri Fayol (1841-1925)** – engenheiro francês, criador da Escola Clássica da Administração Fayol e autor do livro *Administração geral e industrial*. A diferença da perspectiva de seu trabalho para os trabalhos de Taylor (empregado) e Ford (patrão) foi o enfoque na organização através de parâmetros inseridos (planejamento, organização, liderança, coordenação e controle), válidos ainda hoje e aplicados nas modernas teorias administrativas.
1930	**George Elton Mayo (1880-1949)** – psicólogo australiano cujo trabalho desenvolvido entre 1927 e 1932 reconhece cientificamente a influência do ser humano nos meios de produção. Este trabalho suscitou nas empresas a busca por compreender seus funcionários e as necessidades de se adaptarem a elas. A partir de seus trabalhos surgem outros, tais como as Teorias Motivacionas de Abraham Maslow e a Teoria X e Y de Frederick Hertzberg e Douglas McGregor, entre outras.

▶

1931	**Walter Andrew Shewhart (1891-1967)** – desenvolveu o "controle estatístico de processo", para a empresa Bell Telephone Laboratories. Este conceito ganhou importância após 1944, quando se inicia a retomada de crescimento mundial, principalmente no Japão, pois tem como meta identificar variações anormais ao longo do processo produtivo e suas causas e assim eliminar essas causas. Em 1944, Shewhart lança o livro *Economic control of quality of manufactured products*, e nele pode-se ver o enfoque científico dado à qualidade. Shewhart deu importante contribuição para a indústria e para a estatística, inclusive influenciando estatísticos como W. E. Deming. Essas contribuições trouxeram melhorias nos processos e na qualidade na indústria, e foram decisivas para o grande desenvolvimento japonês do século XX. Deming é considerado por muitos o pai do controle de qualidade moderno e foi o responsável por popularizar o PDCA (discutido no Capítulo 3). Deming, no entanto, se refere a esse método como Ciclo de Shewhart.
1931	**Leonard Henry Caleb Tippett (1902-1985)** – tornou-se conhecido a partir de 1927 com a publicação de *Números aleatórios de amostragem* e, em 1931, *Métodos de estatística*. A técnica de amostragem do trabalho, proposta por Tippet, permitiu estudar os tempos utilizados por um trabalhador ou por uma máquina em uma atividade determinada. Seu método de observação de "leitura instantânea" levou a mais eficiência de produção e utilização operativa. O uso dessa técnica se deu pela primeira vez na indústria têxtil inglesa e seu uso se difundiu a partir de 1950. Tippett também publicou, em 1960, *Métodos estatísticos para tecnólogos têxteis* (com T. Murphy e KP Norris) e, em 1969, *Um retrato da indústria têxtil de Lancashire*.
1943	**Kaoru Ishikawa (1915-1989)** – seu diagrama de causa e efeito apresentado em 1943 se tornou conhecido como Diagrama de Ishikawa. Essa ferramenta se baseia em uma análise da qualidade do produto ao longo de sua vida (desde a produção até o cliente, e não só dentro da empresa que o produziu), buscando solucionar os problemas que surgirem. Em virtude de sua concepção, esse diagrama pode ser utilizado tanto por especialistas quanto por não especialistas. O diagrama de Ishikawa traduz a contribuição da cultura japonesa com os conceitos de qualidade.

	Terceira Revolução Industrial
1945	**Terceira Revolução Industrial** – com a retomada e reconstrução da economia após o final da Segunda Guerra, são agregadas novas tecnologias como a informática e a robótica nos processos de produção, além das recém-descobertas fontes de energia nuclear, eólica, térmica, entre outras. Ou seja, essa Revolução Industrial introduz de forma intensa a substituição da mão de obra humana pelos sistemas automatizados.
1950	**William Edwards Deming (1900-1993)** – embora Deming seja conhecido por sua atuação durante a Segunda Guerra Mundial, ao tornar os processos produtivos nos Estados Unidos mais eficientes, foi seu trabalho no Japão que lhe deu reconhecimento internacional. No Japão, Deming contribuiu significativamente na fabricação de produtos inovadores e com alta qualidade. Deming foi o estrangeiro que mais impactou tanto a indústria quanto a economia do Japão do século XX.
1950	**Genichi Taguchi (1924-2012)** – na década de 1950, influenciado por W. Edwards Deming, Taguchi utilizou métodos estatísticos para melhorar a qualidade dos produtos manufaturados. Com essa metodologia, tornou-se popular no Japão, desenvolvendo metodologias para o aprimoramento de sistemas de qualidade ao longo de 12 anos. Como toda essa bagagem, deu também consultoria para toda a indústria japonesa e até o sistema Toyota foi influenciado por suas ideias.

1951	**Joseph Moses Juran (1904-2008)** – publicou a obra *Quality control handbook*, literatura que se tornou clássica e é até hoje considerada referência para os gestores de qualidade. Juran chamou a atenção dos japoneses que estavam focados em reconstruir sua economia após a Segunda Guerra Mundial e foi convidado para ensinar os princípios de gestão da qualidade.
1951	**Armand Feigenbaum (1922-2014)** – em seu livro *Total quality control*, mostra que a empresa como um todo é responsável pelo controle da qualidade, e não somente determinados departamentos. De acordo com Feigenbaum, a colaboração entre os departamentos deve se estender do projeto ao pós-venda. Só assim é possível evitar os erros que viriam a prejudicar a cadeia produtiva e que apareceriam quando o produto final estivesse junto ao consumidor.
1957	**Philip Bayard Crosby (1926-2001)** – os conceitos de "zero defeito" e de "fazer certo da primeira vez" são de autoria de Crosby, que formulou a seguinte observação: "no sistema financeiro os erros não são admissíveis, portanto, na área industrial também não devem sê-lo!". Segundo Crosby, um produto com qualidade é aquele que tenha sido produzido seguindo exatamente o que foi especificado pelo cliente, e os desvios com relação a esse padrão de qualidade especificado não devem ser imputados aos trabalhadores, pois a responsabilidade em garantir o produto executado de acordo com as especificações é dos líderes da empresa. Assim, para garantir-se a qualidade especificada, é imprescindível o empenho da gestão de topo e dando-se aos empregados a formação técnica necessária para utilizar os instrumentos de melhoria da qualidade. Crosby listou os três itens necessários ao atingimento da qualidade, que são: determinação, formação e liderança.
1973	**Taiichi Ohno (1912-1990)** – criador do Sistema Toyota de Produção (*just in time*) e do Sistema Kanban, inovando em sistemas de produção em larga escala. Baseou--se em duas concepções: o sistema fundamental de produção do livro *Today and tomorrow* (publicado em 1926 por Henry Ford) e o método de reposição de mercadorias utilizado pelos supermercados dos Estados Unidos.

	Quarta Revolução Industrial
2011	**Quarta Revolução Industrial: a Indústria 4.0** – este conceito foi apresentado durante a feira de Hannover, como parte de um projeto do governo alemão de estratégias voltadas para a tecnologia. A partir do conceito proposto, os trabalhos desenvolvidos resultaram em um conjunto de recomendações que foi finalmente apresentado em outubro de 2012, sendo que o relatório final foi apresentado na mesma Feira de Hannover do ano seguinte. Os autores formaram um grupo de trabalho, e este foi presidido por Siegfried Dais e Henning Kagermann. Dais é da empresa Robert Bosch GmbH, e Kagermann é físico e empresário alemão. A Quarta Revolução Industrial foca em tirar-se o máximo proveito das evoluções tecnológicas, o que está incentivando ainda mais a concentração de esforços em novas tecnologias. Ou seja, este foco está potencializando ainda mais a aplicação da tecnologia, em seus mais variados aspectos, na indústria, para torná-la mais rápida, reduzir seus custos, aumentar a qualidade dos produtos e dos processos etc. Essa revolução industrial está sendo vivida neste momento, assim muito ainda aparecerá nos próximos anos.

 Fique de olho

Apresentamos anteriormente os principais momentos da administração. Esta reflexão é um grande auxiliar para uma compreensão mais clara sobre a evolução e o pensamento desse importante tema para a indústria. Só podemos pensar em desenvolver uma nova concepção em indústria e produção se conhecermos a origem e a evolução constante que a indústria, o comércio e a prestação de serviços, bem como o relacionamento humano vêm sofrendo. Esse conhecimento nos permite contribuir para um crescimento forte, sustentável e competitivo de nossas empresas em um mercado globalizado, eliminando paradigmas e criando novos conceitos, abrindo novas perspectivas de mercados e reinventando as oportunidades de emprego, visando a tão necessária renda a todos.

1.3 O empreendedorismo em uma economia globalizada

O empreendedor é aquele profissional que toma a iniciativa, que coloca sua energia própria e utiliza seus conhecimentos, recursos e/ou experiências pessoais, como visão, criatividade e inovação, para investir de forma consciente em algo feito por si próprio.

Esse princípio se aplica tanto ao empreendedor individual quanto ao empreendedor corporativo. A diferença é que o empreendedor individual empregará essa energia em um negócio próprio, enquanto o empreendedor corporativo empregará essa energia na empresa em que trabalha.

O empreendedor corporativo é aquele profissional comumente associado à criação de novos produtos e/ou novos serviços a serem oferecidos, renovação para agregar valor a seu produto e identificação de novas oportunidades, visando o aumento da lucratividade do negócio. Podemos encontrar empreendedores corporativos tanto entre os gestores quanto entre os colaboradores em geral; não há um nível hierárquico ou função em que encontraremos o empreendedor corporativo – essa energia e visão partem da própria pessoa.

> Os empreendedores são, acima de tudo, inovadores e criativos, capazes de impulsionar o desenvolvimento interno, ampliando a atuação da empresa em outras áreas. Eles possuem uma visão sistêmica do negócio, propondo sugestões que possam aprimorar os processos de trabalho e maximizar os resultados da organização. Sua pesquisa conecta o empreendedorismo, a internacionalização (globalização), a estratégia e o gerenciamento de tecnologia. (ZAHRA et al. 2008)

Dentro da perspectiva da Indústria 4.0, o empreendedor corporativo deve ter também a mesma agilidade experimentada pelo mercado em suas atividades. Assim, deve utilizar o cliente diretamente para melhor visualizar qual será seu foco, quais serão os aspectos em que serão concentrados seus esforços, seja identificando as necessidades do cliente, seja analisando os caminhos feitos pelos clientes e clientes potenciais para buscar a solução de suas necessidades. Excelentes fontes de informação são a internet, valendo-se de pesquisas de mercado específicas, blogs, sites de relacionamento ou institucionais etc. O empreendedor terá que se antecipar, apresentando soluções rápidas, eficientes e criativas às necessidades dos clientes, ou, ainda, suscitar necessidades que possam ser supridas através de seus produtos.

1.3.1 A globalização

As empresas, para sobreviverem e se atualizarem, não podem mais restringir seu âmbito de atuação nem a localização de suas fontes de recursos. É preciso ver seus horizontes sem barreiras de fronteiras geográficas. Isto é a globalização dos mercados, e é esse o contexto que está sendo vivido atualmente pela maioria das empresas.

Assim, é importante entendermos alguns conceitos básicos, os significados de denominação de empresas, bem como sua importância e relação com os mercados globalizados.

- Multinacionais: empresas estrangeiras que estão instaladas em países diferentes da sua matriz. Essas empresas são comandadas a distância e a sua matriz ou sede determina o padrão de trabalho, o que produzir, as margens de lucro a serem atingidas, entre outros fatores.

- Transnacionais: uma evolução das multinacionais, as organizações passaram a ser mais independentes, adequando-se ao mercado ao qual estão inseridas e deixando de submeter-se a imposições da matriz. As metas a serem atingidas pelos funcionários são as determinadas pelo ramo no país correspondente. A política de fabricação não muda muito; os países em desenvolvimento ainda servem para fechar os custos de amortização, mas também passa-se a permitir uma certa regionalização dos produtos, somente para adequá-los aos clientes de cada país.

- Mercados cativos: a concorrência acirrada obrigou as empresas a repensarem suas estratégias: não existem mais mercados cativos, todos os países procuram comercializar seus produtos onde for possível. As empresas focam em fazer em cada país aquela(s) atividade(s) que ajude(m) a melhorar a competitividade total do negócio, seja a disponibilidade de mão de obra específica, matéria-prima em maior quantidade, menor custo da mão de obra, entre outros aspectos. As maiores disponibilidades de tecnologias de comunicação e de redes de transporte permitem esse maior grau de distribuição das atividades dentro de um mesmo negócio.

A partir desses cenários em evolução, e tendo em vista a busca incessante por competitividade, surge o conceito de globalização. Os produtos passam a ser desenvolvidos em fábricas dimensionadas e projetadas como centros de excelência, que são criados em determinados pontos do mundo. Esses pontos são escolhidos de forma a conferir a máxima vantagem estratégica (baixo custo de mão de obra, proximidade da matéria-prima etc.) para que o resultado seja um produto mais competitivo.

Os produtos são então exportados tanto para países desenvolvidos quanto para países em desenvolvimento. A visão mercadológica da empresa não é mais focada para um único país ou um continente, mas para o mundo.

Dentro dessa nova visão, o empreendedor corporativo deve abrir seu leque de perspectivas, sejam estas as fontes disponíveis ou as metas a serem alcançadas. Os produtos não são mais aqueles que se originam na fábrica do país onde está estabelecida, podendo ser muitas vezes mais viável importar do que produzir internamente, assim como uma nova ideia não deve ser pensada somente a partir de necessidades locais, podendo ser necessidades de outro país ou mesmo necessidades globais.

O resultado desse enfoque é que os países também estão voltando sua visão e suas ações para tornar seus mercados internos atraentes a investimentos externos (de outros países) e aos empreendedores que poderão trazer esses investimentos.

Visão sobre a Administração 19

Resumindo, podemos definir um empreendedor como um agente de mudança, renovação e inovação, com a capacidade de entender e diagnosticar situações e propor soluções diferentes e não convencionais. Ele é capaz de analisar e solucionar situações variadas e complexas, utilizando sua capacidade de pensar, avaliar e ponderar em termos estratégicos, conceituais e teóricos.

> **Fique de olho**
>
> O empreendedorismo está ganhando mais e mais espaço nos negócios e nas corporações, tanto no ambiente interno (dentro da corporação), seja no ambiente externo (a corporação inserida no mercado). O item 1.3 teve por finalidade fazer uma introdução desse tema. A energia do empreendedorismo é que alimentará a empresa e a diferenciará no mercado competitivo em que vivemos.

1.4 A empresa

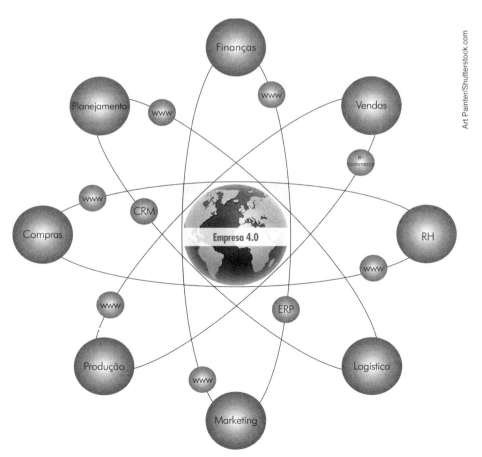

Figura 1.1 – A Empresa 4.0 e suas inter-relações departamentais.

Vamos agora começar a entender a empresa. Uma empresa não é um organismo estático e rígido. Também não existe uma estrutura única à qual as empresas necessitem se adequar para poderem participar do mercado.

A empresa é, sim, um organismo vivo, e como tal toda a estrutura deve ser adequada às suas necessidades e capacidades. Entretanto, é importante salientar a importância de se ter uma estrutura organizada e pensada adequadamente, para que se obtenha o melhor da empresa.

Neste capítulo, vamos entender como a empresa pode ser composta e organizada, tendo em vista exatamente esses aspectos.

1.4.1 Definição

Uma organização é uma combinação de esforços individuais que tem por finalidade realizar propósitos coletivos. Por meio de uma organização torna-se possível perseguir e alcançar objetivos que seriam inatingíveis para uma pessoa. Uma grande empresa ou uma pequena oficina, um laboratório ou o corpo de bombeiros, um hospital ou uma escola são todos exemplos de organizações. (MAXIMIANO, 1992)

Uma organização é caracterizada pela soma dos recursos disponíveis que lhe serão necessários, ou seja, pessoas, máquinas, recursos financeiros, instalações, softwares, visão do mercado e outros.

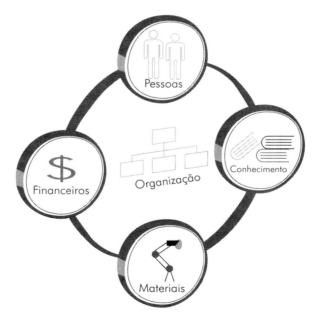

Figura 1.2 – Os quatro pilares da organização.

- Pessoas: são os recursos humanos.
- Técnicos: são os conhecimentos necessários para viabilizar o negócio.

- Materiais: são os recursos necessários para implementar o negócio (máquinas, equipamentos, mobiliário etc.).
- Financeiros: é o capital necessário para investir no negócio.

1.4.2 Objetivos

Nas empresas, os objetivos e as estratégias influenciam sua estrutura organizacional e definem o nível, a direção e as metas a serem atingidas em um determinado período de tempo. Ao definir e divulgar de maneira clara e completa seus objetivos e estratégias, é mais fácil e menos custoso organizar, pois torna-se possível definir a função de todas as equipes da empresa, sendo que as equipes e seus membros saberão o que, quando e onde fazer, não necessitando de orientações em tempo integral, pois estarão alinhados com os objetivos.

As estruturas e estratégias desenvolvidas e seus prazos darão o norteamento necessário para atingir o(s) objetivo(s) proposto(s).

1.4.3 Estrutura organizacional da Empresa 4.0

Quando nos referimos a uma **organização**, estamos nos referindo à estrutura formal em que a empresa estará estruturada. Ao elaborarmos essas estruturas através de softwares de modelagem de processos, podemos atribuir e testar a eficiência de cargos planejados, definir seus títulos, níveis de responsabilidades e autoridades. Assim, a meta da organização é estabelecer para a empresa uma estrutura capaz de atender às suas necessidades de forma otimizada e dirigida para o cumprimento dos objetivos estratégicos idealizados.

Podemos separar a estrutura organizacional em três sistemas:

1. Sistema de atividades

    Definir as atividades a serem realizadas dentro da organização:

    - Departamentalização.
    - Linha e assessoria.
    - Especialização do trabalho.

2. Sistema de autonomia

    O sistema de autonomia está relacionado à distribuição de poder. Nele podemos identificar:

    - Composição administrativa e níveis hierárquicos.
    - Sistema administrativo descentralizado ou centralizado.
    - Delegação de poder.

3. Sistema de comunicações

Entende-se como sistema de comunicações a aplicação da metodologia de interação desenvolvida para se comunicar entre as diversas áreas da organização. Hoje mais do que nunca os sistemas digitais automatizados são responsáveis pela integração digital de ponta a ponta em toda a cadeia de valor, dando transparência a todas as atividades executadas nas organizações.

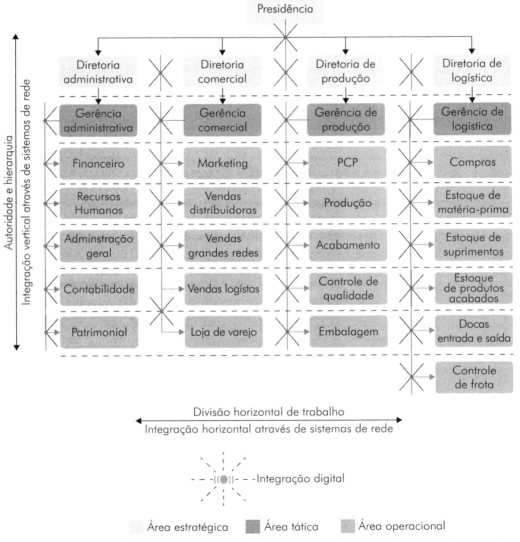

Figura 1.3 – Exemplo de organograma estrutural (departamentos), funcional (cargos e hierarquia) e comunicação (relacionamentos).

1.4.4 Modelos de organograma

A modelagem de organograma deve ser adotada individualmente por cada empresa, pois diz respeito à sua realidade e necessidade imediatas, podendo ser alterada parcial ou totalmente de modo a acompanhar o desenvolvimento do negócio. O organograma deve representar graficamente a estrutura da empresa e atender às suas necessidades, metas, estilo de administração, localização geográfica etc. Através da utilização de softwares modeladores de Gerenciamento de Processos de Negócios, ou Business Process Management (BPM), as estruturas, os processos e as responsabilidades podem ser definidos de forma mais clara, permitindo ao elaborador testar a sua eficiência e praticidade com seus colaboradores através de consultas colaborativas, mesmo a grandes distâncias, utilizando a hospedagem nas nuvens e os serviços de internet.

1.4.4.1 Organograma vertical, clássico ou funcional

Este formato de representação do organograma apresenta a hierarquia da empresa em uma forma intuitiva, com as principais posições, da mais importante (do alto) até as operacionais (para baixo).

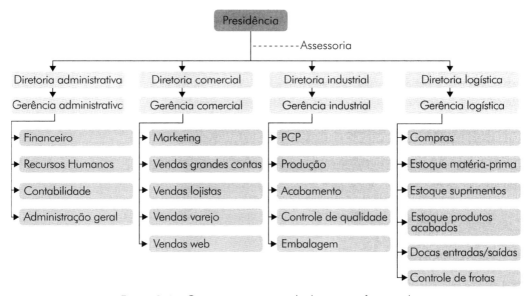

Figura 1.4 – Organograma vertical, clássico ou funcional.

1.4.4.2 Organograma horizontal

O organograma horizontal é semelhante ao vertical, porém, em vez de os cargos mais importantes em termos hierárquicos estarem na parte superior, eles estão à esquerda, e os cargos referentes às áreas operacionais seguem em direção ao lado direito.

Trata-se, portanto, de uma representação horizontal do clássico organograma vertical.

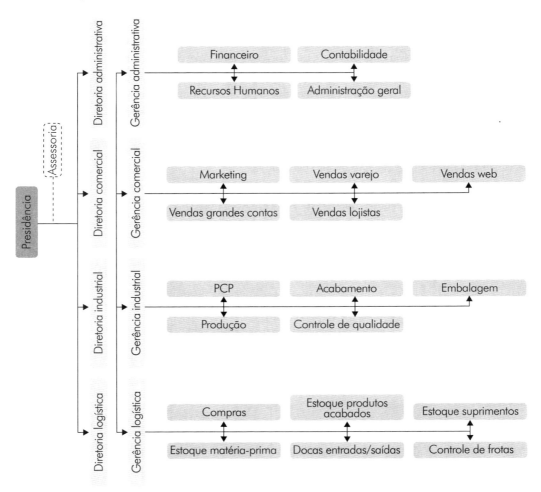

Figura 1.5 – Organograma horizontal.

1.4.4.3 Organogramas circulares

Esses organogramas são pouco utilizados na atualidade e apresentam os graus de hierarquia e responsabilidades do centro para fora.

Visão sobre a Administração 25

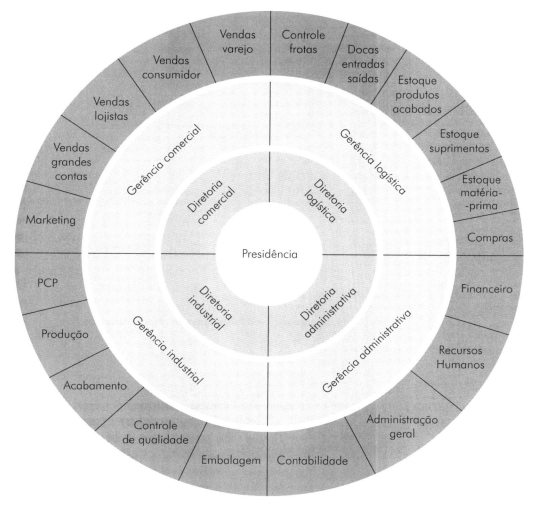

Figura 1.6 – Organograma circular ou radial.

1.4.4.4 Organograma de responsabilidade

Os organogramas ou fluxogramas de responsabilidade também são desenvolvidos por softwares modeladores de Gerenciamento de Processos de Negócios, ou BPM, com os quais se torna fácil e intuitivo descrever processos e atribuir responsabilidades, tornando possível analisar a execução dos processos e otimizá-los, tornando-os automatizados e permitindo o acompanhamento simultâneo do cumprimento dos procedimentos e prazos nos processos das rotinas e projetos.

Atividade	Diretor	Gerente	Supervisor	Assistente		Legenda	
Obter ou fornecer financiamento	☒	☐				Executa	☐
Aprovar os procedimentos		☒				Aprova	☒
Revisar os procedimentos		⇩	☐			Participa	⇩
Redigir os procedimentos		⇩	⇧	☐		Controla	⇧
Arquivar			⇧	☒		Elabora	☒

Figura 1.7 – Exemplo de organograma ou fluxograma de responsabilidade.

> **Fique de olho**
>
> Apresentamos anteriormente como elaborar e formatar a estrutura organizacional de sua empresa, que deverá ser adequada a cada área de atuação e a cada necessidade. Ou seja, uma estrutura em evolução e aperfeiçoamento constante, para permitir sua permanência em um mundo também em evolução.

1.5 Classificação das empresas

Ao planejarmos uma empresa, devemos levar em consideração alguns critérios de classificação que nos ajudarão a elaborar uma estrutura organizacional adequada aos recursos financeiros disponíveis, à situação econômica do mercado e que seja compatível com o sistema tributário local, conforme a atividade exercida.

1.5.1 Classificação da empresa por setor econômico

- 1º setor: governamental (federal, estadual e municipal), sem fins lucrativos, como polícia, serviços de saúde (hospitais, postos de saúde), escolas etc.
- 2º setor: organizações com fins lucrativos, como agricultura, indústria e comércio.
- 3º setor: sociedades civis organizadas, como fundações, institutos, organizações não governamentais (ONGs), organizações da sociedade civil de interesse público (Oscips) etc.

1.5.2 Classificação da empresa por propriedade

- Estatais: empresas cujos sócios são os governos federal, estadual e/ou municipal.
- Privadas: empresas cujos sócios são pessoas físicas e/ou jurídicas, sem vínculo com o Estado.
- Mistas: empresas que possuam, em sua composição e participação societária, pessoas físicas e/ou jurídicas estatais e privadas.

1.5.3 Classificação da empresa por atividade econômica

- Setor primário: são aquelas que atuam na agricultura, pecuária e extrativismo (mineral, animal e vegetal), diretamente relacionadas com a exploração dos recursos naturais e o fornecimento de matéria-prima.
- Setor secundário: são as indústrias de transformação, ou seja, empresas que possuem algum tipo de produção. Podem ser itens para consumo (por exemplo, bebidas, móveis, roupas etc.) ou bens de capital (produção de ferramentas é um exemplo), além da indústria da construção civil e da indústria de geração de energia.
- Setor terciário: são assim classificadas as empresas de serviços e as que trabalham com vendas de produtos adquiridos de outras (por exemplo, uma loja de varejo ou um supermercado).

1.5.4 Classificação da empresa pela forma jurídica

- Empresa individual: a legislação caracteriza esta como sendo a empresa (seja indústria ou comércio) que tem uma única pessoa no quadro social.
- Sociedade comercial: a sociedade comercial é caracterizada pela existência de dois ou mais sócios. Assim como a empresa individual, a sociedade comercial atua na indústria ou no comércio.
- Sociedade civil: a empresa é classificada como "sociedade civil" quando atuar na prestação de serviço em uma única atividade, que exija formação específica de todos os sócios e possuam dois ou mais sócios.
- Sociedade anônima: trata-se de grandes corporações, que não se enquadram no regime de microempresas ou de responsabilidade limitada. A sociedade anônima tem seu capital dividido em ações, sendo que estas podem ser de um número reduzido de donos que podem negociá-las particularmente (capital fechado) ou podem ser negociáveis em bolsa de valores (capital aberto).

1.5.5 Classificação da empresa quanto ao faturamento

- Microempreendedor individual (MEI): o faturamento anual deve ser de até R$ 60.000,00 (Simples).

- Microempresa (ME): o faturamento anual deve estar na faixa de R$ 60.000,00 a R$ 360.000,00 (Simples).

- Eireli: permite ao empreendedor individual registrar o capital social da empresa e não possui limite de faturamento, podendo ainda escolher o regime de tributação que melhor atender ao negócio.

- Empresa de pequeno porte (EPP): o faturamento anual deve estar na faixa de R$ 360.000,00 a R$ 3.600.000,00 (Simples).

- Empresa de grande porte: são aquelas com faturamento anual acima de R$ 3.600.000,00 (regime de apuração de Lucro Real ou Presumido).

1.5.6 Classificação da empresa a partir do tamanho do quadro de funcionários

- Micro: a quantidade máxima de funcionários para caracterizar uma microempresa depende da atividade econômica em que ela atuará. Uma empresa com até 19 empregados é classificada como microempresa, caso seja uma indústria (setor secundário). Se for uma empresa do setor terciário (comércio ou serviços), esta deverá ter no máximo nove empregados.

- Pequena: de forma análoga à microempresa, uma empresa pequena que atua na indústria poderá ter entre 20 e 99 empregados. Se for uma empresa do setor terciário (comércio ou serviços), a empresa será classificada como pequena se contar com 10 a 49 empregados.

- Médio porte: da mesma forma que nos casos anteriores, uma empresa é classificada como porte médio se tiver no máximo 499 funcionários (o mínimo é de 100, pois com 99 funcionários a classificação seria do nível anterior). Se a empresa atuar nos setores de comércio ou serviços, a empresa será classificada como pequena se contar com de 50 a 99 empregados.

- Grande porte: as empresas de grande porte são aquelas com empregados acima das faixas descritas anteriormente, ou seja, acima de 500 empregados para indústrias e acima de 100 empregados para comércio e serviços.

1.5.7 Regimes de apuração fiscal

- Simples nacional: destinado a microempresas (ME) e empresas de pequeno porte (EPP), sua principal característica é reunir de forma simplificada os principais tributos de uma empresa em uma única guia. Podem adotar esse regime empresas com faturamento bruto de até R$ 3,6 milhões anuais.

- Lucro presumido: utilizado por empresas com limite de faturamento de até R$ 78 milhões anuais, utilizando como base de cálculo sobre o lucro valores predeterminados de geralmente 8% para atividades industriais e 32% para atividades comerciais e de serviços.

- Lucro real: este regime é destinado a empresas que possuem faturamento superior a R$ 78 milhões anuais ou que exercem atividades específicas, como financeiras.

Visão sobre a Administração 29

 Fique de olho

Tratamos das possíveis classificações das empresas, a partir das atividades a serem executadas. Esta definição permite localizar a empresa no mercado, o que ajudará a entender as ações a serem tomadas no futuro, bem como adequá-las aos propósitos necessários.

Estas são atividades que indicarão como fazer o planejamento da empresa e em que direção orientar sua evolução.

1.6 A Indústria 4.0

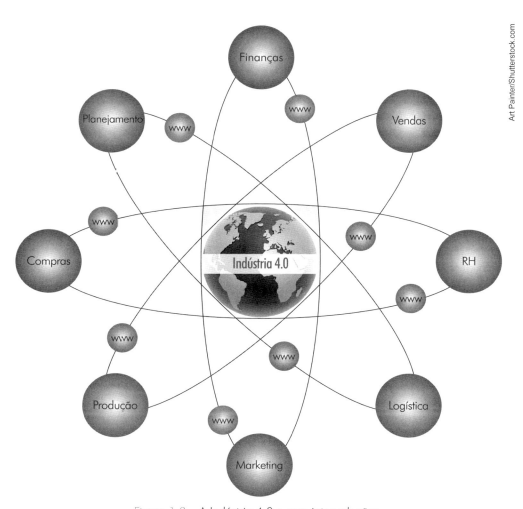

Figura 1.8 – A Indústria 4.0 e suas inter-relações.

A indústria precisa se manter competitiva. As novas tecnologias que estão sendo pesquisadas e desenvolvidas estão alinhadas a isso. Trata-se da Quarta Revolução Industrial, ou Revolução Industrial 4.0.

Quando se fala de novas tecnologias, não se trata de uma máquina mais rápida ou com menos manutenção somente, mas sim de novas formas de integração de informações do mundo físico (real) para o mundo digital (virtual). Trata-se de controle a distância, em tempo real, com tomadas de decisão efetivas e baseadas em dados obtidos de forma instantânea. As informações obtidas em tempo real nos fornecem dados que tornam os processos mais ágeis e eficientes, permitindo, ainda, a realização de mais manutenções preventivas que corretivas, permitindo o ajuste de suprimentos das unidades fabris de forma a aumentar a produtividade e reduzir atrasos na produção.

Segundo Klaus Schwab, diretor executivo do Fórum Econômico Mundial, a Quarta Revolução Industrial não é definida por um conjunto de tecnologias emergentes em si mesmas, mas a transição em direção a novos sistemas que foram construídos sobre a infraestrutura da Revolução Digital (anterior). Ainda, de acordo com Klaus Schwab, a Quarta Revolução Industrial "muda nosso comportamento [...] como nos comunicamos, como produzimos. Não é apenas uma questão econômica relacionada a modelos de negócio, ela muda a sociedade" (SCHWAB apud CONSULTOR JURÍDICO, 2017).

1.6.1 O Brasil

A Confederação Nacional da Indústria (CNI) realizou pesquisa que foi divulgada no *Portal da Indústria* em 30 de maio de 2016, com 2.225 empresas de todos os portes entre 4 e 13 de janeiro de 2016. Ao final da pesquisa, identificou-se:

> [...] a adoção de dez tipos de tecnologias digitais pelas empresas e seu uso em diferentes estágios da cadeia industrial. A maior parte dos esforços feitos pela indústria no Brasil está na fase dos processos industriais. 73% das que afirmaram usar, ao menos, uma tecnologia digital, o fazem na etapa de processos. Outras 47% utilizam na etapa de desenvolvimento da cadeia produtiva e apenas 33% em novos produtos e novos negócios. (CNI, 2016)

A tabulação, ainda de acordo com a CNI, é apresentada na Tabela 1.1.

Tabela 1.1 – Uso de tecnologias digitais

Setores que MAIS usam	Percentual de utilização
Equipamentos de informática, produtos eletrônicos e óticos	61%
Máquinas, aparelhos e materiais elétricos	60%
Coque, derivados do petróleo e biocombustíveis	53%
Máquinas e equipamentos	53%
Metalurgia	51%
Produtos de material plástico	49%
Produtos diversos	49%
Produtos têxteis	47%
Veículos automotores	46%
Químicos (exceto sabões, detergentes, produtos de limpeza, cosméticos, produtos de perfumaria e de higiene pessoal)	45%

Setores que MENOS usam	Percentual de utilização
Outros equipamentos de transporte	23%
Manutenção, reparo e instalação de máquinas e equipamentos	25%
Farmoquímicos e farmacêuticos	27%
Minerais não metálicos	28%
Vestuário e acessórios	29%
Calçados e suas partes	29%

Fonte: CNI, 2016.

1.6.2 Os princípios da Revolução Industrial 4.0

A Quarta Revolução Industrial é uma mudança de paradigmas, um novo conceito, possível somente em virtude das novas tecnologias de comunicação, informação, automação, robótica e controle. Essas tecnologias, quando utilizadas nos processos de uma fábrica, atuam no sentido de a empresa construir uma (ou mais) redes inteligentes capazes de controlar seus processos de forma automatizada e independente, em tempo real. Esses processos tornam-se, assim, mais eficientes e flexíveis.

Alguns princípios regem esta Quarta Revolução Industrial e são os pilares para esta nova empresa:

- Virtualização da fábrica inteligente: como o próprio nome já descreve, a proposta na concepção de uma fábrica inteligente é replicar essa planta de forma virtual, através do uso de sensores que rastreiam e monitoram os processos físicos. Esses sensores são interconectados a essas representações virtuais da fábrica e a modelos de simulação. Ou seja, o responsável será capaz de visualizar o que se passa na planta, inclusive e principalmente acessando partes que não seriam acessíveis pessoalmente.

- Interoperabilidade: é a capacidade de conexão e comunicação entre os sistemas ciberfísicos (combinação de máquinas com processos digitais), as pessoas e as fábricas inteligentes. Essa conexão utiliza computação em nuvem e a transmissão de grandes blocos de dados.

- Modularidade: as fábricas inteligentes são capazes de se adaptar a necessidades, como a produção por demanda, ampliando ou reduzindo sua capacidade produtiva de forma a otimizar sua instalação, de forma rápida e a baixo custo. Essa flexibilidade modular permite uma fácil alteração nas tarefas das máquinas.

- Atuação em tempo real: é a junção das capacidades de virtualização e de interoperabilidade, mais a capacidade de atuação autônoma dos sistemas ciberfísicos. Ou seja, a capacidade de capturar as informações e o *status* da planta remotamente de forma completa, a capacidade de conexão e comunicação entre os sistemas, técnicos e a fábrica permitem a execução de operações de forma automática, em tempo real e remotamente. Esta operação pode ser de tipos os mais variados possíveis dependendo do momento e da necessidade.

- Descentralização: a tomada de decisão em tempo real não precisa ser feita a partir de um local específico, pois o sistema ciberfísicos tem autonomia para tomar decisões sem intervenção humana, em tempo real. As máquinas recebem comandos e fornecem informações sobre a evolução dos processos.

- Orientação a serviço: as arquiteturas de software buscam atender às necessidades mercadológicas de serviços. Por causa do enorme volume de dados envolvido, o uso de computação em nuvem e Internet das Coisas (IoT) torna-se imprescindível para a sua viabilização.

> **Fique de olho**
>
> A mais recente Revolução Industrial, ainda em desenvolvimento, foi abordada neste capítulo. Ainda se ouvirá falar muito desse assunto em um futuro próximo, pois ainda há toda uma evolução a ser realizada pela tecnologia e pela inteligência empresarial.

Planejamento

2.1 O planejamento da empresa

Os dicionários apresentam vários significados para a palavra "planejamento", dependendo do enfoque, porém os significados listam pontos em comum: definição de etapas ou processos, discriminação de sequências, ou seja, pensar antes de agir.

O primeiro passo ou etapa do planejamento é a **definição da empresa**. Assim como nós, pessoas físicas, as pessoas jurídicas (empresas/organizações) também possuem a sua própria personalidade, identidade, perfil. É importante que essas características sejam bem definidas, pois isso contribuirá para aproximar a empresa de seus clientes (de acordo com o perfil de clientes que se pretende atender) e também na identificação de seus futuros funcionários, pois estes também devem ser adequados a esse perfil.

Para definirmos essas características, podemos estabelecer nossos valores, pois estes nos ajudarão a criar essa identidade empresarial.

2.1.1 Missão

A missão da empresa deve descrever a nossa razão de existir e deve contemplar aquilo que fazemos de melhor em nosso negócio.

Descrever a missão da empresa de forma concisa, mas clara auxiliará seus clientes e parceiros a reconhecer a empresa.

Por exemplo, a missão da Mercedes-Benz é:

> [...] ser reconhecida como a maior fabricante e fornecedora mundial de veículos comerciais, automóveis, agregados, componentes e serviços. Trabalhamos para nos manter como a fornecedora número 1 de uma linha completa de veículos comerciais de alta qualidade e de serviços relacionados que excedam as expectativas do cliente. Buscamos continuamente aperfeiçoar nosso negócio de automóveis, fornecendo veículos de alta performance e confiabilidade. (MERCEDES-BENZ, s.d.)

2.1.2 Visão

Quando a direção da empresa formula sua visão, deve expressar quais são seus objetivos como participante em um mercado específico. A visão pode ser expressa na forma que a direção da empresa entende que melhor permitirá seu entendimento, seja de forma simples e direta, ou utilizando um formato mais elaborado e descritivo. O importante é que tanto o mercado (clientes) quanto os funcionários (força motriz da empresa) entendam essa mensagem.

Também no exemplo da Mercedes-Benz, a visão definida é:

> Nosso objetivo é ser referência como empresa produtora e fornecedora brasileira dos melhores veículos comerciais, agregados, automóveis, componentes e serviços. Buscamos atender às necessidades e expectativas dos nossos clientes e criar valor para nossos acionistas e demais públicos com os quais nos relacionamos. (MERCEDES-BENZ, s.d.)

2.1.3 Valores

A descrição dos valores de uma empresa está bastante associada aos valores pessoais, filosofia, atitudes e crenças de seus sócios. Esses valores não são discutíveis, pois agregam credibilidade e definem a identidade do negócio.

Vejamos o exemplo da Bosch do Brasil:

> Nossos valores – Em que nos baseamos para crescer
>
> A Bosch sempre foi uma empresa orientada por valores. Muitos desses valores vêm do próprio Robert Bosch, o fundador da empresa. Esses valores refletem a maneira como os negócios são geridos: ética profissional no relacionamento com os parceiros de negócios, investidores, colaboradores e sociedade.
>
> Os valores da Bosch são os fundamentos nos quais se baseiam os sucessos do passado e sobre os quais a empresa constrói o seu futuro. Eles orientam as ações, dizem o que é importante e com o que a Bosch está comprometida.
>
> 1 Orientação para o futuro e os resultados [...].
> 2 Responsabilidade e sustentabilidade [...].

3 Iniciativa e determinação [...].
4 Abertura e confiança [...].
5 Justiça [...].
6 Confiabilidade, credibilidade, legalidade [...].
7 Diversidade [...].
(BOSCH DO BRASIL, s.d.)

> **Fique de olho**
>
> O planejamento empresarial permite estabelecer onde se quer chegar e definir como atingir essa meta. A partir disso, concentra-se esforços de forma a maximizar nossos resultados e obter o sucesso necessário a todo empreendimento. É esse planejamento que foi abordado.

2.2 Etapas do planejamento

Tudo o que se pretende fazer terá sempre maiores chances de sucesso se for utilizada uma metodologia adequada. Esse mesmo conceito também se aplica a uma empresa: o uso da metodologia adequada à sua organização é necessário para que esta caminhe mais facilmente em busca do sucesso.

Vejamos a seguir quais são as principais ferramentas para a organização de uma empresa.

2.2.1 Planejamento

Uma organização que trabalha sem planejamento deve contar apenas com a sorte para o sucesso de suas operações. Planejar é a primeira das funções administrativas, e o administrador profissional nunca deve se valer da sorte nos empreendimentos. Deve ter consciência e conhecimento do mercado, saber definir de forma clara quais os objetivos a serem alcançados, descrevendo-os de forma detalhada.

2.2.2 Estabelecimento de objetivos e metas

Os objetivos de metas devem ser estabelecidos de forma a obter-se a maximização de lucros que só se concretizarão com o seu cumprimento e com a plena satisfação dos clientes.

Os objetivos expressam a estratégia de longo prazo desenvolvida e norteiam para o que desejamos atingir. Como exemplo, nossa empresa pode ter como objetivo a construção de um novo parque fabril automatizado para os próximos cinco anos.

As metas são descrições concretas, específicas e quantificáveis, são os caminhos para se alcançar os objetivos propostos em um determinado período de tempo e dizem respeito ao planejamento tático.

No escopo do projeto para a construção de um novo parque fabril, podemos estipular como metas:

- prazos para a identificação da área;
- projeto da nova planta;

- descrição dos processos atuais e das alterações futuras;
- levantamento das expectativas de melhoria da eficiência com automação dos processos.

Devemos observar alguns critérios importantes ao estabelecer os objetivos e as metas:

- Conhecimento sistêmico do negócio, de tecnologias e do mercado.
- Dedicação: esta característica psicológica está ligada à motivação pessoal, que deve ser transferida a toda a equipe.
- Planejamento: é uma característica organizacional relacionada ao conhecimento do negócio e de seus objetivos, prazos e prioridades.
- Cooperação: é o comprometimento necessário para o cumprimento do planejamento. Esse comprometimento precisa ser de toda a equipe de trabalho e, para tanto, precisa ser acertado em todo o time.

2.3 Abrangência do planejamento

O processo de planejamento diz respeito aos planos elaborados para atingir os objetivos e as metas da empresa que são separados em níveis de hierarquia e execução.

Esses níveis são: estratégico, tático e operacional.

Figura 2.1 – Níveis do planejamento.

2.3.1 Planejamento estratégico

É o nível mais amplo de planejamento. O planejamento estratégico cobre toda a organização e tem as seguintes características:

- Demonstrar o domínio mercadológico e a habilidade estratégica da direção da empresa.
- Capacidade de planejamento a longo prazo, normalmente acima de cinco anos.
- Habilidade em coordenar a organização e a reestruturação da empresa.

2.3.2 Planejamento tático

Abrange os departamentos ou unidades da organização. Podemos listar as seguintes características do planejamento tático:

- O planejamento tático é projetado visando o médio prazo e executado a nível gerencial.
- O nível tático envolve os departamentos e seus recursos; a meta é atingir os objetivos departamentais.
- O cumprimento e o sucesso do planejamento tático está diretamente relacionado ao planejamento estratégico proposto.

2.3.3 Planejamento operacional

O planejamento operacional trata das tarefas ou atividades fins. Ele pode ser considerado a implementação ou a execução dos planejamentos tático e estratégico. Suas características são:

- Imediato ou de curto prazo — as atividades ou metas devem ser atingidas diariamente, semanalmente ou mensalmente.
- Foco nas atividades fins de cada área.
- Deve estar em consonância com os objetivos propostos do plano tático.

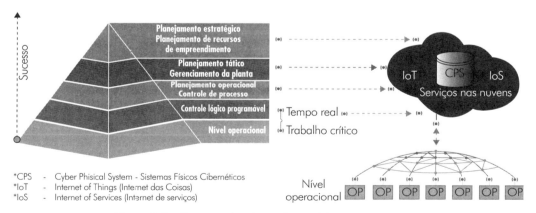

*CPS - Cyber Phisical System - Sistemas Físicos Cibernéticos
*IoT - Internet of Things (Internet das Coisas)
*IoS - Internet of Services (Internet de serviços)

Figura 2.2 – Como o planejamento caminha para o sucesso.

As definições do planejamento ocorrem de cima para baixo, porém o sucesso e a realização ocorrem de baixo para cima. Estes últimos estão determinados pela clareza, correta motivação, comprometimento, treinamento e objetividade da equipe para com o cumprimento das metas e dos objetivos, tanto individuais quanto coletivos.

A comunicação do planejamento deve sempre ser realizada de forma clara e deve atingir todos os níveis hierárquicos. Além disso, a comunicação do planejamento deve abranger o gerenciamento e controle dos resultados em tempo integral. Somente dessa forma podemos avaliar e corrigir possíveis distorções do planejamento.

Assim, podemos afirmar que o planejamento em todos os seus níveis hierárquicos não deve ser considerado uma ferramenta estática, pois pode e deve ser revisto em face de mudanças no comportamento do mercado, economia, concorrência, evolução tecnológica e organizacionais, entre outros fatores que podem impactar positivamente ou negativamente o desempenho dos negócios.

2.3.4 Modelo de plano de negócios

2.3.4.1 Resumo executivo

O resumo executivo é um documento que contempla todas as atividades já desenvolvidas e a serem desenvolvidas e/ou implantadas em um negócio novo ou já existente, para ser apresentado a possíveis investidores e/ou financiadores, demonstrando a potencialidade do negócio e a capacidade dos idealizadores.

Quadro 2.1 – Modelo de resumo executivo

1. **Especificação dos produtos ou serviços**
   1.1 Descrição
   1.2 Potencial
2. **Características empresariais**
   2.1 Empreendimento
       2.1.1 Definição do empreendimento
       2.1.2 Missão, visão, valor
       2.1.3 Definição da estrutura organizacional
       2.1.4 Principais parceiros no empreendimento
   2.2 Empreendedores
       2.2.1 Qualificação individual dos sócios
       2.2.2 Participação individual no empreendimento
3. **Análise do negócio**
   3.1 Ameaças e oportunidades – pontos fortes e fracos (SWOT)
   3.2 Análise de contingências
   3.3 Planejamento estratégico
   3.4 Cronograma
   3.5 Estágio atual do projeto
4. **Análise mercadológica**
   4.1 Clientes atuais e potenciais
   4.2 Identificação da concorrência
   4.3 Potencial de fornecedores
   4.4 Identificação, classificação e segmentação do mercado
   4.5 Estratégias de vendas
   4.6 Diferencial competitivo do produto

4.7   Distribuição
   4.8   Formulação de preços
   4.9   Projeção de vendas
   4.10 Serviços de pós-venda e garantia
5. **Projeto financeiro**
   5.1   Investimento
   5.2   Projeção de receitas
   5.3   Projeção de custos e despesas
   5.4   Fluxo de caixa
   5.5   Projeção de resultados, evolução e prazos
   5.6   Obtenção do ponto de equilíbrio
   5.7   Balanço patrimonial (empreendimentos em andamento)

Este resumo tem como foco os investidores interessados em investir fundos no negócio. Assim, este documento deve salientar o retorno financeiro que a ideia pode ter. Esse resumo deve fornecer informações capazes de suscitar interesse por parte de quem o estiver analisando, de forma a se obter uma avaliação rápida do empreendimento e de seus objetivos (financeiros e de futuro).

O resumo executivo deve ser bem elaborado e de forma clara, para que as pessoas interessadas sigam em frente na leitura. Ele deve conter:

- O objetivo do documento

  Obtenção de financiamentos.

  Obtenção de capital de risco.

  Apresentação para novos sócios.

  Apresentação para novos clientes.

  Apresentação para *startups*.

- Características do negócio, produtos ou serviços

  Descrição.

  Potencial mercadológico.

  Competitividade.

- Visão do empreendimento

  Perspectivas de crescimento.

  Oportunidades identificadas.

  Conhecimentos mercadológicos dos empreendedores.

- Sócios ou equipe do projeto, em que deve ser descrita a experiência dos profissionais que farão parte do negócio, salientando os motivos que definem serem estas as mais preparadas para o desafio.

- Fonte de recursos, em que deverão ser apresentados os recursos disponíveis e investimentos iniciais necessários para implementação do negócio.

- Resumo financeiro, em que são apresentados os principais indicadores financeiros e as projeções de receitas.

O resumo executivo poderá conter imagens ilustrativas, porém sem muito detalhamento operacional.

2.3.4.2 Detalhamento do projeto/serviço

Descrição

- Detalhamento dos produtos e/ou serviços propostos pela empresa, bem como sua aplicação, como são produzidos, quais recursos serão utilizados etc.

Potencial

- Diferencial do produto em relação a outros do mercado e suas vantagens em comparação a possíveis concorrentes.
- Estratégia para manter-se competitivo e atualizado quanto às tendências tecnológicas.
- Identificar o ciclo de vida do produto e planejar o tempo para desenvolvimento de novos projetos, a fim de atender às evoluções futuras do mercado.

O mercado

Clientes

- Entender o mercado e suas necessidades é uma característica imprescindível ao empreendedor, assim deve-se entender e descrever os clientes em potencial, suas necessidades e como o produto/serviço irá atendê-los.
- Torna-se necessário ter realizado pesquisa de mercado, demonstrando pleno conhecimento sobre os fatores que decidem na hora de adquirir um produto ou serviço:

Qualidade.	Acabamento.	Praticidade.
Preço.	Embalagem.	Distribuição.
Garantia.	Design.	

Concorrentes

- Conhecer a concorrência local e externa (global) e o modo como operam no mercado dá aos investidores mais confiança na hora de tomar uma decisão sobre o investimento no negócio.

- Devemos demonstrar conhecimento das características dos produtos concorrentes, como:

Tamanho.	Acabamento.	Distribuição.
Qualidade.	Embalagem.	Nível de satisfação do cliente.
Preço.	Design.	Disposição em substituir de marca.
Garantia.	Praticidade.	

Fornecedores

- A disponibilidade e proximidade de fornecedores com preço e qualidade adequados influenciam na avaliação do negócio.

- Esses fornecedores devem ser categorizados dependendo do tipo de fornecimento:

Equipamentos.	Mercadorias.	Outros.
Matéria-prima.	Suprimento.	

- A escolha dos fornecedores deve considerar aspectos, como a qualidade, capacidade de entrega de volumes, entre outras informações, dependendo das mercadorias e/ou serviços a serem oferecidos.

Participação no mercado

- Neste tópico, o empreendedor será avaliado em sua capacidade em avaliar o mercado e identificar a participação atual ou futura da empresa em relação à concorrência.

- Analisar o tamanho atual e potencial do mercado, crescimento anual, participação e entrada de novos concorrentes no mercado, novos mercados a serem explorados.

Capacidade empresarial

Empresa

- Definição da empresa

A definição da empresa pode ser caracterizada como um currículo em que descrevemos:

Razão social: nome pelo o qual a empresa foi registrada no contrato social.

Nome fantasia: nome pelo qual a empresa é conhecida no mercado.

Composição societária: quem são os atuais sócios da empresa.

Participação societária: qual o percentual do capital social de cada sócio.

Ramo de atividade: atividades em que a empresa pode atuar conforme seu contrato social e registro.

Histórico: descrever o crescimento da empresa e o seu faturamento anual para empresas já existentes.

Esta descrição também se aplica a projetos e equipes que ainda não tenham sido formalizados como empresa.

- Missão – Visão – Valores

  Esta é personalidade do empreendimento, sua finalidade e o que ela faz; é a imagem/filosofia que guia a empresa. Neste momento, definiremos como será o relacionamento dela com o mercado.

- Estrutura organizacional

  Explicar como a empresa será organizada, por exemplo, área comercial, administrativa, técnica etc. A essa estrutura deve-se relacionar a responsabilidade de cada sócio e suas atribuições no negócio.

- Parceiros

  Apresentar e identificar os parceiros do negócio, como se dará essa parceria e de que forma cada parceiro contribuirá para o produto/serviço proposto e para o negócio.

- Empreendedores

  A descrição da formação e qualificação e habilidades dos sócios é de vital importância pois esse perfil indica a capacidade e a dedicação que os sócios terão com a empresa, bem como sua probabilidade de sucesso.

  O currículo individual dos sócios pode ser anexado ao final.

Estratégia de negócio

A apresentação dos resultados de análise SWOT e a avaliação por parte dos empreendedores sobre os aspectos técnicos e mercadológicos de seu empreendimento, identificando como irá superar as ameaças e trabalhar as oportunidades, tornando claros seus objetivos, bem como superar as dificuldades para atingir os objetivos definidos.

- Visão a partir do mercado, identificando concorrentes, mercado consumidor, legislação, tecnologia, economia etc.

- Avaliação de dentro da empresa, identificando disponibilidade de recursos, de pessoal, qualificação do pessoal, parcerias etc., bem como a existência de pontos fortes e fracos nesta estrutura.

Objetivos

- Declarar seus objetivos de forma quantitativa, permitindo mensurá-los (faturamento, capacidade de produção, participação no mercado etc.).

Estratégias

- Definir os objetivos a serem alcançado em um período mínimo de 5 anos e a metodologia a ser utilizada para alcançá-los.

- Definir o planejamento de metas contemplando os recursos disponíveis, a projeção e o desempenho anual do empreendimento compatíveis com o planejamento de longo prazo.

- Estratégias de curto prazo: atividades diárias, semanais e mensais para atingir as estratégias de médio prazo.

- Para definir as estratégias, os seguintes aspectos não podem ser negligenciados:

Investimentos necessários.

Diferenciação para com concorrência.

Parcerias estabelecidas.

Mostrar a "visão" do negócio.

Mercado a ser explorado.

Análise mercadológica

Este tipo de planejamento visa apresentar a visão do empreendedor sobre como pretende apresentar seus produtos e/ou serviços ao mercado, conquistar e manter clientes, de forma coerente com a estratégia já apresentada. Novos modelos de comercialização digitais aliados às parcerias estratégicas adequadas aos conceitos mercadológicos tradicionais de produto, preço, ponto e promoção, porém revistos para um mercado virtualizado em que os clientes em potenciais estão cada vez mais interagindo com as empresas desenvolvedoras.

Estratégias de vendas

As novas tendências e expectativas dos consumidores levam as empresas a definir mais de uma forma de atender ao seu público, seja na forma de vendas direta ao consumidor (B2C) ou vendas para empresas (B2B).

Diferencial competitivo

Os canais de vendas servem como forma de interação entre os clientes e seus desejos e as empresas fornecedoras, sendo que o tempo de análise e a resposta e o modo em que a empresa atender às expectativas dos clientes fazem a diferença para efetivação de negócios. Essas expectativas podem dizer respeito a preços, qualidade, garantia e outros benefícios.

A agilidade em atender às necessidades de seus clientes e os benefícios adicionais ofertados são excelentes ferramentas auxiliares no sucesso do negócio.

Distribuição

Os canais de distribuição estão diretamente relacionados aos canais de vendas definidos no seu plano estratégico. Sua eficiência e agilidade em entregar seus produtos ao menor custo possível fazem total diferença na formalização do negócio. A maioria dos negócios é realizada via *smartphones*, e a interação de seus clientes com vários canais de comparação de preços e facilidades estão a um toque de diferença entre seu produto e de seu concorrente.

Política de preços

A redução de custos marginais para as empresas hoje significa maior valor competitivo e maior margem de lucro nos negócios. A margem de negociação é uma estratégia a ser utilizada como resposta imediata a uma pesquisa realizada e não confirmada. Os sistemas da empresa, ao identificarem uma consulta sem concretização de negócios, devem interagir de imediato de forma a tornar uma simples pesquisa negócios concretos.

Projeção de vendas

As projeções iniciais de vendas devem estar embasadas dentro da realidade econômica e tendências atuais do mercado.

Serviços pós-venda e garantia

Os serviços ofertados como pesquisa de satisfação e serviços de garantia devem ser percebidos pelos clientes como fator positivo ágil e eficiente. As entregas devem ser rastreadas e acompanhadas até a entrega ao consumidor final. Se necessário, os serviços de garantia devem possuir sistema de logística reversa, de forma a manter o cliente alinhado às soluções possíveis, a fim de manter sua satisfação e a credibilidade da empresa.

Atualmente, a burocracia e o mau atendimento são fatores que levam muitas empresas a perderem clientes em virtude de políticas de negócios que beneficiam apenas o vendedor, fazendo com que soluções simples muitas vezes sejam resolvidas em ambientes jurídicos totalmente prejudiciais à imagem das marcas envolvidas.

Planejamento e desenvolvimento do projeto

Para o sucesso do desenvolvimento do projeto, devemos ter como base o tempo necessário para que a empresa esteja efetivamente produzindo e os bens e serviços estejam disponíveis no mercado.

Assim, devemos ter descritos em nosso projeto:

- As datas de início e término para conclusão do projeto: o cronograma do projeto deve contemplar o tempo total para colocarmos o projeto em execução, sua data de início e de conclusão, além de todos os materiais, máquinas, insumos e custos necessários e a data prevista para o início das atividades.

- O estágio atual do projeto: caso o projeto já esteja em andamento, é necessário apontar o estágio atual de desenvolvimento para comparação com o cronograma.

- O plano de gestão de contingências: o modo no qual estamos preparados para enfrentar possíveis dificuldades na execução do projeto também demonstra a capacidade de gestão dos empreendedores.

Plano financeiro

O plano financeiro apresenta os valores orçados para todas as fases do projeto, devendo demonstrar:

- Custo inicial do projeto.
- Custo total do projeto.
- Origem dos recursos.
- Receitas:

  Esta informação é resultante das projeções de vendas, associadas aos preços já determinados, assumindo-se o período de longo prazo (5 anos).

- Custos e despesas:

  Incluem-se neste tópico os custos de produção, bem como todas as despesas referentes ao suporte à produção (administração, vendas etc.).

- Fluxo de caixa:

  O objetivo do fluxo de caixa é projetar, em uma linha de tempo, todas as entradas de recursos (investimentos e receitas) e de saídas (custos e despesas). Com essa informação, o empreendedor é capaz de visualizar como ficará seu caixa no período avaliado. Esta é uma ferramenta auxiliar para a verificação da viabilidade do projeto.

Lucratividade prevista:

- Dentro do escopo do projeto, o empreendedor deve ser capaz de demonstrar a capacidade de o negócio realizar lucro e em qual período.

Ponto de equilíbrio:

- É representado quando as entradas de caixa (receita) serão iguais às saídas de caixa da empresa. Neste ponto, indica se a empresa deixa de operar com prejuízo.

O Ponto de Equilíbrio (PE) é obtido através do seguinte cálculo:

$$\text{Ponto de Equilíbrio} = (\text{Custo Fixo} / (\text{Receita} - \text{Custo Variável})) \times 100$$

Balanço patrimonial

- Deve ser apresentado junto aos demais documentos, pois permitirá uma melhor avaliação da solidez da empresa.

Quadro 2.2 – Resumo dos tópicos a serem abordados no plano de negócios

- Descrição e tipo do negócio
- Produtos e/ou serviços a serem oferecidos
- Aspectos para o êxito
- Oportunidades de crescimento
- Correta identificação dos clientes potenciais
- Métodos para atrair clientes e se manter no mercado
- Identificação de concorrentes e de seus métodos
- Ferramentas para promoção de vendas
- Identificação dos fornecedores
- Definição do sistema de distribuição
- Formação da imagem da empresa
- Design do produto
- Definição do administrador do negócio
- Definição da quantidade e qualificações dos empregados, projetistas, especialistas e demais profissionais
- Definição da forma de administração das finanças
- Legislações ou movimentos de organizações que podem afetar o negócio
- Renda total estimada para o primeiro ano
- Custo total (para abrir e manter o negócio) nos 18 primeiros meses de operação
- Fluxo mensal de caixa mensal durante o primeiro ano
- Volume de vendas necessário para a obtenção de lucros durante os primeiros 3 anos
- Valor do capital a ser investido em equipamentos
- Necessidades financeiras totais, incluindo meios para garantir o pagamento dos custos fixos, fontes financeiras, coleta e uso de empréstimo de investidores

 Fique de olho

As etapas do planejamento empresarial, quando seguidas de forma sistêmica, permitem ao empreendedor e aos agentes investidores e financiadores vislumbrar de forma correta e clara todos os aspectos que envolvem a concepção de produto, de mercado e de ganho.

2.4 Diagnóstico da empresa

As funções do administrador na empresa não se resumem a uma classificação e estruturação adequadas. Após essas atividades, imagina-se que a empresa passará a "caminhar com as próprias pernas". No entanto, isso não acontece. A pessoa que pensar que pode deixar a empresa "caminhar sozinha" certamente a verá cair.

Periodicamente, a empresa precisa ser monitorada, ou seja, precisa ser analisada e examinada, pois essas etapas permitem verificar se os objetivos e planejamento definidos inicialmente estão sendo seguidos e alcançados, e se a empresa está investindo seus esforços no sentido de manter o planejamento proposto.

Uma forma bastante utilizada para esta verificação chama-se **análise SWOT**. Este nome é o acrônimo de quatro palavras em inglês:

Strengths (forças)

Weaknesses (fraquezas)

Opportunities (oportunidades)

Threats (ameaças)

A técnica de análise SWOT tem origem duvidosa, ou seja, não poderia ser creditada a alguém sem a possibilidade de se incorrer em algum erro, no entanto é um dos mecanismos de diagnóstico empresarial mais eficiente. Apesar de parecer inicialmente bastante simples, esta análise é capaz de apresentar a posição da empresa frente ao mercado no qual está inserida, permitindo diagnosticar sua situação quanto aos ambientes internos e externos a ela. Esse diagnóstico será um poderoso coadjuvante na formulação de estratégias de negócios para a empresa, visando otimizar o seu desempenho.

Os vários aspectos identificados após a análise da empresa são categorizados em uma das quatro opções: força, fraqueza, oportunidade ou ameaça.

A análise SWOT baseia-se em levantar os vários aspectos internos e externos da empresa, classificando-o em uma das opções disponíveis. Ou seja, as **forças** (*strengths*) são aqueles aspectos do negócio que lhe dão vantagens em relação a outros. Já as **fraquezas** (*weaknesses*) são os aspectos do negócio que podem significar uma desvantagem. As forças e fraquezas refletirão aspectos internos à empresa.

As oportunidades e ameaças são identificadas analisando-se a empresa sob o ponto de vista do mercado em que ela atua, verificando aspectos como concorrentes, políticas econômicas e tributárias, variações cambiais, tendências, entre outros. As **oportunidades** (*opportunities*) são os aspectos externos à empresa que lhe conferem uma vantagem, e as **ameaças** (*threats*) são aqueles elementos do ambiente que colocam a empresa em desvantagem competitiva.

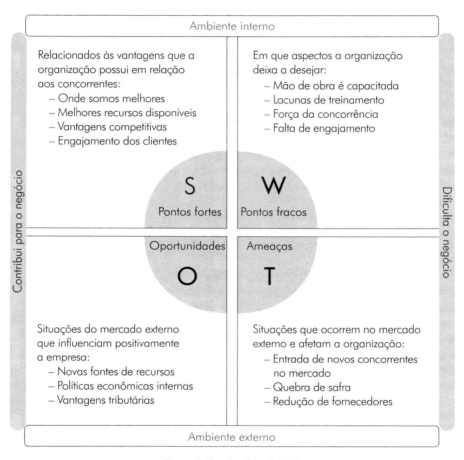

Figura 2.3 – Análise SWOT.

 Fique de olho

> Todo empreendedor deve ter plena consciência das ameaças, riscos e oportunidades existentes no mercado, de modo que seu planejamento seja realizado de forma adequada, superando obstáculos e minimizando riscos de perdas.

2.5 Administração de recursos humanos

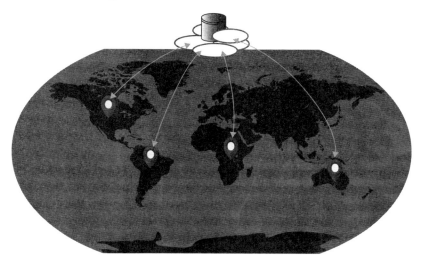

Figura 2.4 – Os recursos humanos impulsionam o mundo.

Veremos agora as principais funções da administração de pessoal da empresa, que irá gerenciar os funcionários.

Os impactos produzidos pelo crescimento tecnológico nas organizações estão levando as empresas a reverem as relações de trabalho. Serviços antes vistos como trabalhos mecânicos ou repetitivos já estão em sua grande parte automatizados. Serviços ligados à área de gestão há muito estão sendo automatizados e substituídos por sistemas inteligentes. As atividades ligadas a vendas também estão sendo automatizadas. As poucas pessoas que estão em posições estratégicas nas organizações não necessitam estar localizadas em um mesmo endereço físico, cidade ou até mesmo em um mesmo país. Os sistemas de gerenciamento de recursos humanos estão cada vez mais sofisticados, de modo a administrar as pessoas, seus resultados e suas necessidades a distância de forma cada vez mais eficiente. A forma de relacionamento e legislações de cada país já estão previstas em cibersistema, permitindo a gestão a distância.

Em 2017, os legisladores brasileiros revisaram as leis que regem essas atividades trabalhistas buscando atualizá-las para as novas necessidades do mercado globalizado. As informações indicadas nesta obra já contemplam os novos aspectos dessa legislação.

2.5.1 Conceito de administração de pessoal

Funcionários ou colaboradores são as pessoas que, mediante contrato, trabalham para uma determinada empresa.

A identidade da empresa e sua cultura muitas vezes são determinadas pelo quadro de funcionários, e seu relacionamento com mercado (padrões de qualidade dos produtos e serviços, por exemplo) passa necessariamente por uma gestão adequada dessas pessoas, com um olhar adequado às suas necessidades, dificuldades e capacidades.

Gestão de negócios – Planejamento e organização para indústria

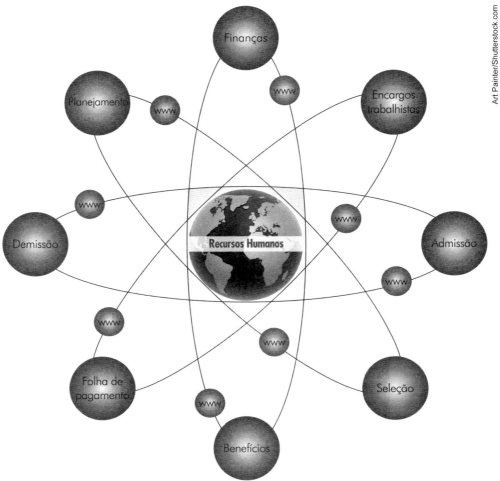

Figura 2.5 – Recursos humanos e suas inter-relações na empresa.

A manutenção de pessoas motivadas e de alta qualidade e habilidade técnica profissional é o que dá para a empresa maior capacidade de se manter no mercado. Assim, durante a fase de planejamento, é preciso definir o perfil adequado que essas pessoas devem ter, bem como será o relacionamento com a organização.

Entre os aspectos negativos a serem considerados quanto à administração do talento humano nas empresas podem ser salientados aspectos ligados diretamente às pessoas, como o absenteísmo, os índices de rotatividade e a ocorrência de acidentes do trabalho, e ainda aqueles problemas que podem ser atribuídos a uma baixa *performance* do funcionário.

Nesse aspecto, podemos incluir os problemas com a qualidade dos produtos, o aumento em necessidades de retrabalho e o desperdício de materiais.

As empresas modernas deixaram de focar nos aspectos legais da relação de trabalho buscando mudança dessas condições desfavoráveis, através de investimentos em treinamentos, desenvolvimento das habilidades dos funcionários e aumento da capacidade de trabalho em equipes multidisciplinares.

As novas ferramentas tecnológicas trouxeram para a administração a automatização de processos em todos os níveis, reduzindo o volume de contratações; por outro lado, os níveis de especialização são cada vez mais complexos, e as formas de administrar e avaliar pessoas, cada vez mais eficientes e automatizadas. Administrar quadros de funcionários cada vez mais enxutos, especializados, bem remunerados e motivados torna mais fácil a administração de recursos humanos e a solução problemas com as equipes de trabalho.

2.5.1.1 Definição do quadro de pessoal

A primeira das funções do setor de pessoal é o recrutamento e a seleção do pessoal, isto é, o preenchimento de cargos previstos no planejamento da empresa, com a identificação da quantidade necessária de pessoas para cada tipo de trabalho a ser realizado, a qualificação destas, inclusive para as atividades de escritório.

Os programas de análise e gestão de pessoal integrados às necessidades empresariais permitem ao administrador visualizar de maneira mais eficiente o perfil dos funcionários a serem contratados através de sua evolução profissional, análise de perfil psicológico, entre outras ferramentas, buscando sempre contratar profissionais qualificados e dentro do perfil econômico e social adequado às necessidades atuais e futuras da empresa.

Investir em talentos com alta capacidade técnica, criatividade em criar e reinventar com a mesma velocidade que a agitação tecnológica modifica o mercado de maneira a atender às necessidades constantes de adequação da empresa.

Os sistemas de gerenciamento de recursos humanos devem atender às especificações no plano de negócios de forma a responder e otimizar esses recursos, oferecendo soluções rápidas sobre:

- a quantidade de pessoas a serem contratadas, qual o perfil destas e qual é o salário;
- onde e como buscar o profissional de acordo com é o perfil definido;
- capacidade para efetuar o processo de seleção (tanto experiência quanto tempo);
- definição dos resultados e metas a serem atingidas pelo novo profissional;
- processo de integração do novo profissional ao time;
- tempo durante o qual se espera manter o colaborador;
- a empresa investirá em capacitação ou prefere alguém com a experiência necessária;
- como será feito o reconhecimento do desempenho e como se manterá o colaborador motivado diante dos desafios.

Os valores investidos no quadro de pessoal têm como finalidade trazer retorno para a empresa. Assim, os aspectos anteriores, entre outros, precisam ser analisados antes da efetiva contratação do profissional, com a finalidade de fazer o investimento adequado e ter retorno no menor prazo possível.

2.5.1.2 Candidatos potenciais

As empresas tendem a ser cada vez mais enxutas, trabalhando com colaboradores com espírito empreendedor, competitivo e com uma visão mais ampla. Quando for necessária uma nova contratação, os aspectos a seguir também devem ser considerados na avaliação dos candidatos:

- Capacidade técnica: os níveis de conhecimentos tecnológicos, administrativos, técnicos e operacionais agregados do candidato necessários para o desempenho e os resultados esperados.

- Visão do negócio: o grau de conhecimento do candidato quanto ao negócio e do mercado como um todo.

- Aspectos comportamentais: o grau de facilidade que o candidato apresenta para o relacionamento interpessoal e em grupo.

- Visão ética: a extraordinária capacidade que as inovações tecnológicas trouxeram às empresas no acesso informações sobre pessoas e empresas fazem com que a identidade moral e ética dos candidatos e seus valores pessoais estejam alinhados com os novos temas e mudanças e a uma nova forma de repensar nossa sociedade.

A partir desses tópicos podemos concluir sobre a necessidade de, ao buscar identificar um novo profissional para o quadro de colaboradores da empresa, preferir aqueles capazes de trazer benefícios através de sua visão criatividade e energia.

2.5.2 Descrição de cargos

Para uma nova contratação, a primeira etapa é a descrição de cargos. Essa atividade consiste basicamente em enumerar todas as tarefas a serem efetuadas por seu ocupante, bem como as responsabilidades atribuídas a essas tarefas.

No entanto, é importante ressaltar que a descrição do cargo deve ser feita a partir das atribuições que se entende que aquela função deva atingir, e não considerando o último ocupante desse cargo.

A seguir, devemos fazer a análise do cargo. A finalidade dessa análise é estudar e determinar as habilidades necessárias para o cargo e as responsabilidades correspondentes. Essa análise do cargo será subsídio para as avaliações e classificações futuras, e traz como resultado a efetiva especificação do cargo. Esta, por sua vez, incluirá as condições exigidas com relação a escolaridade, experiência, iniciativa, habilidades, bem como estudará as responsabilidades do ocupante por materiais, equipamentos, ferramentas, condições de trabalho, requisitos físicos etc.

O indivíduo que possui os requisitos exigidos por um cargo é aquele que apresenta a qualificação profissional para exercê-lo. Assim, com base na análise de cargos, pode-se traçar o perfil dos futuros candidatos a serem contratados.

Figura 2.6 – Ficha para elaboração de descrição de cargo.

Os modelos de solicitação de funcionários e de perfil solicitado, apresentados na Figura 2.6 no formato de fichas estão cada vez mais sendo substituídos por sistemas eletrônicos inteligentes que conseguem identificar as necessidades dos funcionários de forma mais eficiente, rápida e abrangente, permitindo ao recrutador analisar apenas os candidatos que atendem com nível de excelência às qualidades necessárias a cada vaga disponibilizada.

2.5.3 Recrutamento e seleção dos candidatos

- Perfil do candidato: para uma seleção eficiente, é necessário preencher o documento de descrição do cargo, incluindo a maior quantidade possível de detalhes. Isso permitirá ao selecionador obter uma visão completa e correta do perfil desejado.

- Seleção de pessoal: o processo de seleção de pessoal atuará a partir dos candidatos que foram recrutados, buscando identificar aqueles que apresentam as qualificações mais próximas às características da vaga. São os candidatos recrutados que melhor colaborarão para a melhoria constante no desempenho da organização.

Para efetuar esse processo, devem ser seguidas estas etapas:

- Entrevistas de seleção: situação em que se conhece pessoalmente o candidato, quando se pode coletar informações complementares, como demais habilidades e conhecimentos não inclusos inicialmente na descrição do cargo. Além disso, este contato pessoal permite melhor avaliar o comportamento e a conduta do candidato, suas características sociais e comportamentais. Durante essas entrevistas, é importante ter um leque de perguntas cujas respostas permitam uma avaliação completa e abrangente.

- Testes de seleção: o objetivo deste teste é verificar características da personalidade e os conhecimentos e habilidades técnicas exigidos de forma a selecionar o que há de melhor no mercado. Os testes de seleção podem ser realizados presencialmente ou a distância, através de softwares de seleção que são preparados considerando-se os requisitos específicos para o cargo em questão, bem como demais aspectos pessoais que a empresa queira identificar no candidato.

- Técnicas de atividades e/ou dinâmicas de grupo: essas técnicas foram desenvolvidas de forma que as respostas e reações percebidas pelo mediador lhe permitam identificar características específicas do candidato que a empresa esteja buscando ou que, dependendo da função, devam ser evitadas. Essas dinâmicas devem ser conduzidas por profissionais qualificados. As técnicas de dinâmicas ou de simulação podem ser adaptadas para o formato de jogos – formato que permite que se observe e avalie as reações e atitudes de cada participante em determinada tarefa, e a partir daí que o profissional consiga identificar as características profissionais desse candidato.

 Dica

A capacidade de trabalhar em equipe é uma qualificação cada vez mais exigida do perfil de todos os profissionais em um mercado totalmente globalizado em que muitas vezes os relacionamentos e interações são realizados a grandes distâncias e o comprometimento e a colaboração individual com a equipe tornam-se essenciais. Trata-se de um fator responsável por um grande número de reprovações quando não demonstrado nas avaliações.

2.5.4 O trabalho na Indústria 4.0

A Revolução Industrial 4.0 está mudando o mercado de trabalho e, consequentemente, as carreiras procuradas e suas remunerações. Assim como ocorreu em outros momentos de desenvolvimento tecnológico nas três primeiras revoluções, a quarta traz significantes modificações nas formas de condução dos negócios e nas relações trabalhistas. Profissões estão em fase de extinção e outras estão sendo criadas. As necessidades de pessoal e suas habilidades passam a ser diferentes, de acordo com as novas tarefas a serem executadas. Não se trata de aperfeiçoamentos ou especializações nas profissões tradicionais existentes, mas, sim, um enfoque totalmente novo.

Várias das profissões que envolvem trabalhos manuais, mecânicos repetitivos e de precisão estão sendo drasticamente substituídos por robôs e terão sua demanda reduzida. No entanto, outras profissões terão demandas incrementadas, principalmente nas áreas de estratégia, tecnologia, automação e relações sociais. Além disso, novas profissões aparecerão.

A necessidade por reciclagens e aprendizados constantes pode ser claramente prevista nesse novo cenário em que o domínio e o conhecimento agregado de mercados, tecnologias e processos passam a ser cada vez mais importantes na capacitação profissional.

As relações trabalhistas sobre escrituração das obrigações fiscais e previdenciárias passarão a ser controladas unicamente através do Sistema de Escrituração Digital das Obrigações Fiscais, Previdenciárias e Trabalhistas (eSocial), a partir de janeiro de 2018. Essas informações deverão ser repassadas através do Sistema Público de Escrituração Digital (SPED), que conecta e automatiza o sistema fiscal, financeiro e comercial das empresas e transmite ao Governo federal informações sobre as operações das empresas, reduzindo a burocracia e simplificando o pagamento dos impostos e das contribuições federais, estaduais e municipais, através da integração desses órgãos.

O eSocial, juntamente com o SPED, estão mudando o perfil do administrador de recursos humanos, ampliando ainda mais as necessidades de domínio tecnológico por parte do administrador fiscal e financeiro.

Figura 2.7 – O eSocial e o SPED filtram as informações fornecidas pela empresa para o banco de dados do Governo Federal.

Os processos das rotinas da área de recursos humanos devem ser executados em sistemas de administração empresarial cujos módulos permitam a integração e estejam integrados a todas as áreas internas da empresa e externas (mercados e setores governamentais).

A substituição de alguns documentos exigidos em formato impresso para o digital deverá ocorrer naturalmente a partir da implantação definitiva do eSocial.

 Dica

Você pode obter informações completas sobre o eSocial no portal do sistema. Disponível em: <http://portal.esocial.gov.br/>. Acesso em: 30 nov. 2017.

2.5.5 Registro de funcionários

Toda empresa tem como primeira finalidade o desenvolvimento social, e para que isso possa se tornar realidade é necessário o cumprimento de todas as exigências trabalhistas que garantam os objetivos relacionados a seguir.

O registro do funcionário deverá ser efetuado no livro de registro ou no sistema informatizado de registro integrado ao sistema de gestão da empresa.

2.5.5.1 Registro na carteira de trabalho

Anotações a serem efetuadas:

- Data de admissão.
- Tipo de remuneração.
- Salário.
- Cargo/função.
- Vigência do contrato.
- Banco depositário do FGTS.
- Prazo de experiência e renovação.

Prazos:

- Devolução da carteira de trabalho – máximo 24 horas.

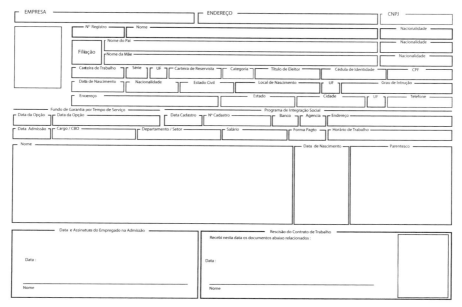

Figura 2.8 – Modelo de registro de empregado.

2.5.5.2 Contratação de funcionários

É recomendada a elaboração e entrega, aos candidatos, de uma "Solicitação de Emprego". Na admissão, a empresa deverá solicitar os seguintes documentos:

Figura 2.9 – Exemplo de Carteira de Trabalho e Previdência Social (CTPS): documento obrigatório para o exercício de qualquer atividade.

Figura 2.10 – Exemplo de cartão do cidadão: o candidato deverá fornecer o cartão, que está em seu poder (caso esse não seja seu primeiro emprego). Se for o primeiro emprego, a empresa deve providenciar a inscrição do candidato no PIS/Pasep em qualquer agência da Caixa Econômica Federal.

Figura 2.11 – **Exemplo de cartão de Cadastro de Pessoa Física (CPF).**

Figura 2.12 – **Exemplo de cédula de identidade.**

Figura 2.13 – **Exemplo de título de eleitor.**

Figura 2.14 – **Modelo de certificado de reservista ou prova de alistamento militar: no caso de candidato do gênero masculino e maior de 18 anos.**

Figura 2.15 – **Exemplo de carteira de habilitação profissional: quando da contratação de profissional que necessite de habilitação para exercer suas funções.**

- Atestado médico de capacidade funcional: o candidato, depois de selecionado, deverá ser submetido a exame médico (art. 168 da CLT).

- Fotografias para o Livro de Registro de Empregados.
- Certidão de casamento, se o candidato for casado.
- Certidão de nascimento dos filhos, se aplicável.
- Por precaução, a empresa poderá solicitar ao funcionário a apresentação do atestado de antecedentes criminais, que pode ser solicitado no Instituto de Identificação da Polícia Civil.

Quando há alterações no quadro de funcionários da empresa, sejam por novas admissões ou por demissões e transferências, é obrigatório o Envio do Cadastro Geral de Empregados e Desempregados (Caged) para o Ministério do Trabalho e Emprego através de sistema próprio.

A seguir relacionamos os relatórios que são enviados eletronicamente para o Ministério do Trabalho e Emprego.

Quadro 2.3 – Documentos de informações e alterações no quadros de funcionários

GFIP	Guia de Recolhimento do FGTS e de Informações à Previdência Social	GFIP	Guia de Recolhimento do FGTS e de Informações à Previdência Social
Caged	Cadastro Geral de Empregados e Desempregados, para controlar as admissões e demissões de empregados sob o regime da CLT	DIRF	Declaração do Imposto de Renda Retido na Fonte
Rais	Relação Anual de Informações Sociais	DCTF	Declaração de Débitos e Créditos Tributários Federais
LRE	Livro de Registro de Empregados	QHT	Quadro de Horário de Trabalho
CAT	Comunicação de Acidente de Trabalho	Manad	Manual Normativo de Arquivos Digitais
CD	Comunicação de Dispensa	GRF	Guia de Recolhimento do FGTS
CTPS	Carteira de Trabalho e Previdência Social	GPS	Guia da Previdência Social
PPP	Perfil Profissiográfico Previdenciário	FP	Folha de Pagamento

O acesso e o encerramento da utilização de programas sociais, como o seguro desemprego, somente se darão quando do processamento dessas informações. É importante frisar que as estatísticas governamentais sobre o mercado de trabalho também são realizadas com base nessas informações.

Fique de olho

Foram apresentadas as principais atividades da área de recursos humanos e departamento pessoal em uma empresa. Na administração dos recursos mais importantes em qualquer empresa – o ser humano –, toda a tecnologia e outros recursos disponíveis só se tornam possíveis quando administrados por pessoas qualificadas, competentes e alocadas adequadamente.

> **Dica**
>
> Para informações oficiais e atualizadas sobre admissão e registro de funcionários, consulte o site do Ministério do Trabalho: <www.trabalho.gov.br>. Acesso em: 30 nov. 2017.

2.6 Noções de direitos trabalhistas

A Consolidação das Leis do Trabalho (CLT) foi promulgada em 1º de maio de 1943, treze anos depois de terem se iniciado seus primeiros esboços, durante o governo do então presidente Getúlio Vargas, por meio das Leis n.º 6.019, de 3 de janeiro de 1974; n.º 8.036, de 11 de maio de 1990; e n.º 8.212, de 24 de julho de 1991. A mais recente alteração da CLT se deu em 12 de julho de 2017, pelo projeto de Lei n.º 6.787-B, de 2016.

Esse conjunto de leis e normas objetiva definir as regras a serem aplicadas às atividades que envolvem o trabalho, tanto no que se refere a quem contrata a força de trabalho quanto a quem se candidata como força de trabalho, os deveres e direitos de ambas as partes.

Em 2017, alguns aspectos da CLT foram revistos. As informações indicadas nesta obra já contemplam os novos aspectos dessa legislação.

2.6.1 A Constituição Federal e a CLT

A Constituição brasileira de 1988 trata, em seu art. 7º, das garantias nas relações de trabalho e emprego que compõem a CLT.

> Nós, representantes do povo brasileiro, reunidos em Assembleia Nacional Constituinte para instituir um Estado Democrático, destinado a assegurar o exercício dos direitos sociais e individuais, a liberdade, a segurança, o bem-estar, o desenvolvimento, a igualdade e a justiça como valores supremos de uma sociedade fraterna, pluralista e sem preconceitos, fundada na harmonia social e comprometida, na ordem interna e internacional, com a solução pacífica das controvérsias, promulgamos, sob a proteção de Deus, a seguinte CONSTITUIÇÃO DA REPÚBLICA FEDERATIVA DO BRASIL.
>
> [...]
>
> Art. 7º São direitos dos trabalhadores urbanos e rurais, além de outros que visem à melhoria de sua condição social: [...]. (BRASIL, 1998, art. 7º)

2.6.2 Contrato individual de trabalho

Conforme descrito na CLT, "Contrato de trabalho é o acordo tácito ou expresso, correspondente à relação de emprego" (art. 442, *caput*).

> Acordo tácito é aquele em que as partes, sem declarar ou mencionar suas intenções, agem de forma consonante ao longo do tempo, de maneira que dessa relação passam a existir direitos e obrigações. (DICIONÁRIO INFORMAL, s.d.)

Como todo negócio jurídico, para que o contrato de trabalho seja válido, os elementos denominados **pressupostos** e **requisitos** devem estar conjugados.

Os pressupostos, ou elementos extrínsecos, do contrato de trabalho são os seguintes:

- A capacidade das partes.
- A idoneidade.

Os agentes capazes (o candidato e a empresa) celebram um acordo de suas vontades com mútuo consentimento, no qual os elementos extrínsecos mencionados anteriormente se integram na relação jurídica.

Os requisitos, ou elementos intrínsecos, são:

- O consenso.
- A causa.

2.6.2.1 Sujeitos do contrato

São sujeitos do contrato o empregado e a empresa (ou empregador). Tanto empregado como empregador podem ser de diversos tipos. Os tipos de empregados e empregadores estão previstos na legislação brasileira e são:

Empregado

Segundo o art. 3º da CLT, "considera-se empregado toda pessoa física que prestar serviços de natureza não eventual ao empregador, sob a dependência deste e mediante salário".

Também são considerados empregados aqueles trabalhadores que prestam serviços mediante as seguintes modalidades de contrato:

- Empregado em domicílio: "É aquele que presta serviços em sua residência ou em oficina de família, por conta do empregador que o remunere." (art. 83 da CLT)
- Empregado aprendiz: o parágrafo único do art. 80 da CLT define aprendiz como "o menor de 12 a 18 anos sujeito a formação profissional metódica do ofício em que exerça o seu trabalho".
- Empregado doméstico: abrigado pela Lei n.º 5.859/1972. Em seu art. 1º, estabelece que "empregado doméstico é aquele que presta serviços de natureza contínua e de finalidade não lucrativa à pessoa ou família, no âmbito residencial destas".
- Empregado rural: abrigado pela Lei n.º 5.889/1973, "O empregado rural é a pessoa física que, em propriedade rural ou prédio rústico, presta serviços com continuidade a empregador rural, mediante dependência e salário".

- Trabalhador autônomo: o trabalhador autônomo não está subordinado juridicamente a quem está utilizando seus serviços, ou seja, a CLT não se aplica a esse caso. Ele presta serviços sem a formalização em um contrato de trabalho, trabalhando por conta própria a uma ou mais pessoas físicas ou jurídicas. Esse trabalhador assume os riscos da atividade econômica que exerce.

- Trabalhador eventual: o conceito de trabalhador eventual pode ser consultado na alínea *a* do inciso IV do art. 12 da Lei n.º 8.212/1991, trabalhador eventual "é aquele que presta serviço de natureza urbana ou rural em caráter eventual, a uma ou mais empresas, sem relação de emprego".

- Estagiário: a Lei n.º 11.788/2008 dispõe sobre o estágio de estudantes.

Art. 10. A jornada de atividade em estágio será definida de comum acordo entre a instituição de ensino, a parte concedente e o aluno estagiário ou seu representante legal, devendo constar no termo de compromisso e ser compatível com as atividades escolares [...].

[...]

Art. 11 A duração do estágio, na mesma parte concedente, não poderá exceder 2 (dois) anos, exceto quando se tratar de estagiário portador de deficiência. (BRASIL, 2008)

Empregador

Segundo o art. 2º da CLT, considera-se empregador "a Empresa individual ou coletiva, que, assumindo os riscos da atividade econômica, admite, assalaria e dirige a prestação pessoal de serviço".

Além do exposto anteriormente, consideram-se também empregadores as pessoas físicas e jurídicas que mantenham relações de trabalho dentro das características a seguir:

- Empregador rural: segundo o art. 3º da Lei n.º 5.889/1973, empregador rural é "a pessoa física ou jurídica, proprietária ou não, que explore atividade agroeconômica, em caráter permanente ou temporário, diretamente ou por meios de prepostos e com auxílio de empregados".

- Empregador doméstico: quando uma pessoa ou uma família admite um empregado doméstico, com a finalidade de utilizar seus serviços em sua residência, sem finalidades lucrativas, esta pessoa ou família se torna um empregador doméstico.

- Empregador por equiparação: "Equiparam-se ao empregador, para os efeitos exclusivos da relação de emprego, os profissionais liberais, as instituições de beneficência, as associações recreativas ou outras instituições sem fins lucrativos, que admitirem trabalhadores como empregados".

Dica

Para informações oficiais e atualizadas sobre a legislação trabalhista, acesse o *Portal da Legislação*, disponibilizado pelo Governo do Brasil: <www4.planalto.gov.br/legislacao>. Acesso em: 30 nov. 2017.

2.6.3 Folha de pagamento
2.6.3.1 Salário

De forma objetiva, o salário é o preço pago ao empregado por disponibilizar habilidades e dedicar tempo ao empregador, como descrito no contrato de trabalho.

Depreende-se daí que o empregado não só coloca suas habilidades à disposição do empregador, mas também o tempo em que o empregado fica dentro da empresa estará à disposição do empregador.

O valor do salário é determinado basicamente pelo mercado de trabalho e é também uma resposta à demanda de mão de obra, ou seja, a lei da oferta e da procura rege o salário, sempre respeitando o mínimo legal. O contrato de trabalho deve indicar claramente esse valor de salário.

2.6.3.2 Piso salarial

O salário mínimo (Constituição Federal, art. 7º, IV) é de competência exclusiva da União, ou seja, tem âmbito nacional. Baseia-se na condição mínima de sobrevivência do cidadão, sem considerar sua qualificação profissional.

Já o piso salarial (Constituição Federal, art. 7º, V) é estabelecido pelos estados, ou seja, tem âmbito estadual. Ele considera as profissões específicas, bem como a qualidade e complexidade de cada trabalho.

Valores do salário mínimo:

1/1/2017 – R$ 937,00 (salário mínimo federal).

1/4/2017 – R$ 1.076,20 (salário mínimo estadual - São Paulo).

Os sindicatos também podem negociar (através de uma convenção coletiva), ou ainda obter através de uma sentença em dissídio coletivo o piso salarial. Ou seja, o piso salarial é um valor salarial mínimo, somente válido para os trabalhadores daquele sindicato específico.

2.6.3.3 Salário/Licença-maternidade

A CLT dispõe, entre outras questões, o que segue sobre licença-maternidade:

Art. 392. A empregada gestante tem direito à licença-maternidade de 120 (cento e vinte) dias, sem prejuízo do emprego e do salário.

§ 1º A empregada deve, mediante atestado médico, notificar o seu empregador da data do início do afastamento do emprego, que poderá ocorrer entre o 28º (vigésimo oitavo) dia antes do parto e ocorrência deste.

§ 2º Os períodos de repouso, antes e depois do parto, poderão ser aumentados de 2 (duas) semanas cada um, mediante atestado médico.

§ 3º Em caso de parto antecipado, a mulher terá direito aos 120 (cento e vinte) dias previstos neste artigo.

64 Gestão de negócios – Planejamento e organização para indústria

§ 4º É garantido à empregada, durante a gravidez, sem prejuízo do salário e demais direitos:

I – transferência de função, quando as condições de saúde o exigirem, assegurada a retomada da função anteriormente exercida, logo após o retorno ao trabalho;

II – dispensa do horário de trabalho pelo tempo necessário para a realização de, no mínimo, seis consultas médicas e demais exames complementares.

[...]

Art. 392-A. À empregada que adotar ou obtiver guarda judicial para fins de adoção de criança será concedida licença-maternidade nos termos do art. 392 desta lei.

[...]

§ 4º A licença-maternidade só será concedida mediante apresentação do termo judicial de guarda à adotante ou guardiã.

§ 5º A adoção ou guarda judicial conjunta ensejará a concessão de licença-maternidade a apenas um dos adotantes ou guardiães empregado ou empregada.

[...]

Art. 392-B. Em caso de morte da genitora, é assegurado ao cônjuge ou companheiro empregado o gozo de licença por todo o período da licença-maternidade ou pelo tempo restante a que teria direito a mãe, exceto no caso de falecimento do filho ou de seu abandono.

Art. 392-C. Aplica-se, no que couber, o disposto no art. 392-A e 392-B ao empregado que adotar ou obtiver guarda judicial para fins de adoção. (BRASIL, 1943)

Duração do salário-maternidade

O salário-maternidade é pago por um prazo variável, que depende do tipo de situação. Veja, a seguir, os prazos.

Quadro 2.4 – Períodos de licença por evento

Evento	Funcionária da iniciativa privada		Funcionária pública
	Empresa padrão	Empresa cidadã	
Parto	120 dias	180 dias	180 dias
Adoção: adotado(s) de 0 a 12 anos	120 dias	180 dias	180 dias
Guarda judicial, com a finalidade de processo de adoção: adotado(s) de 0 a 12 anos	120 dias	180 dias	180 dias
Natimorto	120 dias	180 dias	180 dias
Aborto, seja ele espontâneo ou nos casos previstos em lei (estupro ou risco de vida para a mãe)	14 dias	14 dias	14 dias

Quadro 2.5 – Prazos e a quem solicitar

Evento	Beneficiária	Solicitar	Início	Documentação
Parto (inclusive de natimorto)	Empregada	Empresa	A partir de 28 dias antes do parto	Atestado médico (afastamento 28 dias antes do parto) ou certidão de nascimento
	Desempregada	No INSS	A partir do parto	Certidão de nascimento
	Demais seguradas	No INSS	A partir de 28 dias antes do parto	Atestado médico (afastamento 28 dias antes do parto) ou certidão de nascimento
Adoção	Um dos adotantes (pai ou mãe)	No INSS	A partir da adoção ou guarda, para fins de adoção	Termo de guarda ou nova certidão
Aborto (não criminoso)	Empregada	Empresa	A partir da ocorrência do aborto	Atestado médico comprovando a situação
	Demais seguradas	No INSS		

2.6.3.4 Licença-paternidade

A licença-paternidade foi concedida pela Constituição Federal/1988, no art. 7º, XIX, e no Ato das Disposições Constitucionais Transitórias – ADCT, art. 10, § 1º. O art. 473, III, da CLT ampliou a licença de 1 dia para 5 dias. A Lei n.º 13.257/2016 ampliou o prazo, de 5 para 20 dias, mas isso cabe somente para os funcionários de empresas privadas que fazem parte do Programa Empresa Cidadã.

Quadro 2.6 – Licença-paternidade

Evento	Funcionário da iniciativa privada		Funcionário público
	Empresa padrão	Empresa cidadã	
Parto	5 dias	20 dias	20 dias
Adoção: adotado(s) de 0 a 12 anos	5 dias	20 dias	20 dias

No caso de adoção, como indicado no Quadro 2.4, o pai pode ter a licença-paternidade integral, no lugar da mãe. Trata-se de uma escolha do casal.

2.6.3.5 Salário-família

O salário-família é regido pela Lei n.º 4.266, de 3 de outubro de 1963. Têm direito a esse benefício os segurados que estejam empregados, inclusive os domésticos, bem como os trabalhadores avulsos que tenham contribuído para a previdência um valor cuja base seja inferior ou igual à remuneração máxima da tabela do salário-família. Têm direito ao salário-família os trabalhadores que possuam filhos, enteados e tutelados de até 14 anos de idade, e inválidos de qualquer idade.

Quadro 2.6 – Tabela do salário-família

Vigência	Remuneração	Salário-família*
A partir de 1/1/2017	Até R$ 859,88	R$ 44,09
	R$ 859,89 a R$ 1.292,43	R$ 31,07

* Valores reajustados anualmente. Consulte o portal do INSS: <www.previdencia.gov.br>. Acesso em: 23 dez. 2017.

2.6.3.6 Fundo de Garantia por Tempo de Serviço (FGTS)

O art. 7º da Constituição Federal de 1988 garante o FGTS como "um direito fundamental do trabalhador, de caráter social".

O Fundo de Garantia do Tempo de Serviço foi idealizado como alternativa à estabilidade no emprego, assegurada pelo art. 157, XII, da Constituição de 1946 e regulada pelos arts. 492 a 500 da CLT. Foi regulamentado pela Lei n.º 8.036/1990 e é constituído por contas vinculadas aos trabalhadores. Os valores creditados nessas contas vinculadas se destinam ao trabalhador; o FGTS funciona como um fundo pecuniário semelhante a uma caderneta de poupança, sendo que o trabalhador poderá usufruir dos valores armazenados em caso de demissão sem justa causa, aposentadoria, morte ou, ainda, em condições especiais previstas em lei.

Os arts. 15 e 18, § 1º e 2º, da Lei n.º 8.036/1990 descrevem as contribuições devidas ao FGTS.

A contribuição mensal é de 8% sobre o valor da remuneração (art. 15). Em caso de rescisão sem justa causa, o empregado também recebe uma multa paga pelo empregador de 40% sobre o saldo da conta (art. 18).

Em caso de dispensa por culpa recíproca ou força maior, a multa será de 20% (art. 18).

> Art. 484-A. O contrato de trabalho poderá ser extinto por acordo entre empregado e empregador [...] [em seu § 1º] A extinção do contrato prevista no *caput* deste artigo permite a movimentação da conta vinculada do trabalhador no Fundo de Garantia do Tempo de Serviço na forma do inciso I-A do art. 20 da Lei n.º 8.036, de 11 de maio de 1990, limitada até 80% (oitenta por cento) do valor dos depósitos. (MARTINS, 2006)

2.6.3.7 Vale-transporte

O vale-transporte é um benefício social. Por meio dele, parte do custo com o transporte do empregado (da moradia para o trabalho e do trabalho para a moradia) é paga por ele (até 6% de seu salário, com desconto direto na folha de pagamento), e o restante é pago pelo empregador.

O vale-transporte, fiscalizado pelo Ministério do Trabalho, é regulamentado pelas Leis n.º 7.418/1985 e 7.619/1987 e pelo Decreto n.º 95.247/1987.

O vale-transporte deve ser entregue ou creditado antecipadamente pelo empregador ao empregado no último dia útil de cada semana ou mês, contra recibo, para sua utilização futura.

A finalidade do vale-transporte é reduzir o peso das despesas com transporte para o empregado. Assim, este pode ser utilizado em todas as formas de transporte coletivo público, seja este urbano ou intermunicipal e nterestadual, desde que com características semelhantes ao transporte urbano, e operado em linhas regulares. Os serviços de transporte seletivo e transportes especiais não estão incluídos para fins de vale-transporte.

As empresas que proporcionarem a seus empregados meios de transporte para o deslocamento total ou parcial da moradia ao trabalho e vice-versa ficam desobrigadas do fornecimento do benefício de vale-transporte (total ou parcial). Se fornecerem serviço parcial de transporte, a empresa arcará apenas com o custeio do trajeto não coberto por seus serviços.

A solicitação do vale-transporte deve ser feita por escrito pelo funcionário e entregue à empresa contra recibo, tão logo este seja contratado, com o devido registro na CTPS, informando ao empregador seu endereço residencial, os serviços e meios de transporte que utiliza de sua residência ao trabalho e vice-versa, cabendo ao funcionário comunicar qualquer alteração de endereço ou dos serviços utilizados.

O uso indevido dos benefícios solicitados e declarações falsas podem resultar na demissão por justa causa do empregado.

Figura 2.16 – **Declaração de opção de recebimento de vale-transporte.**

2.6.3.8 Adicional de insalubridade

Caso o trabalhador exerça suas atividades profissionais em ambientes ou locais insalubres, terá direito a adicional de salário, que varia em função do grau de insalubridade.

São considerados insalubres aqueles locais ou ambientes que exponham os empregados a excesso de ruídos, pó, produtos químicos, entre outros agentes que possam prejudicar a saúde dos funcionários.

A situação de insalubridade é regulamentada pela CLT, art. 189 (Decreto-lei n.º 5.452/1943), Decreto n.º 3.058/1999 e Portaria MTB n.º 290/1997, e é fiscalizada pelo Ministério do Trabalho.

O adicional de insalubridade deverá ser pago ao empregado junto com seus vencimentos normais e obedecerá aos seguintes percentuais calculados sobre o salário mínimo vigente, conforme definido em lei:

- 10%, no caso de insalubridade de grau mínimo.
- 20%, no caso de grau médio;
- 30%, no caso de grau máximo.

O grau de insalubridade poderá ser consultado no portal do Ministério do Trabalho (<www.trabalho.gov.br>).

2.6.3.9 Adicional de periculosidade

Os trabalhadores que exercem suas atividades permanentemente em locais ou ambientes que possuam produtos ou equipamentos que colocam suas vidas em risco têm direito ao adicional de periculosidade. São considerados ambientes ou locais perigosos aqueles que contêm produtos inflamáveis, explosivos, energia elétrica, entre outros.

O adicional de periculosidade é regulamentado pela CLT, art. 194, e fiscalizado pelo Ministério do Trabalho.

O adicional de periculosidade corresponde a 30% da remuneração do empregado e deverá ser pago ao empregado junto com seus vencimentos normais.

$$\text{Adicional} = \text{salário} \times 30\%.$$

2.6.4 Jornada de trabalho

Segundo o art. 58 da CLT: "A duração normal do trabalho, para os empregados em qualquer atividade privada, não excederá 8 horas diárias, desde que não seja fixado expressamente outro limite, e de 44 horas semanais".

2.6.4.1 Limitação do tempo de trabalho

Os primeiros 5 minutos que antecedem o início da jornada normal diária e os primeiros 5 minutos que ultrapassam o final da jornada não devem ser computados como horas adicionais, não ultrapassando o limite de 10 minutos (art. 58, § 1º, da CLT).

A jornada de trabalho diária total não pode exceder 10 horas, incluindo horas extras, compensações e bancos de horas (art. 59 da CLT).

> Considera-se trabalho em regime de tempo parcial aquele cuja duração não exceda 30 horas semanais, sem a possibilidade de horas suplementares semanais, ou ainda, aquele cuja duração não exceda a 26 semanas, com a possibilidade de acréscimo de até 6 horas suplementares semanais (art. 58-A da CLT). (BRASIL, 1943)

2.6.4.2 Horas extras

Segundo o art. 58 da CLT, a jornada de trabalho adicional pode ser de, no máximo, 2 horas diárias, desde que não se exceda o limite máximo de 10 horas por dia. Quanto à remuneração, essas horas adicionais serão pagas com pelo menos 50% a mais do que o valor do salário-hora normal.

> Na hipótese de o contrato de trabalho em regime de tempo parcial ser estabelecido em número inferior a 26 horas semanais, as horas suplementares a este quantitativo serão consideradas horas extras para fins do pagamento, estando também limitadas a seis horas suplementares semanais (art. 58-A, § 4º, da CLT). (BRASIL, 1943)

Se essa hora extra ocorrer à noite, após as 22 horas, deverá haver um acréscimo relativo ao adicional noturno de 20%, mais 50% do adicional de hora extra. Além disso, a hora noturna corresponde a 52 minutos e 30 segundos de trabalho, e não 60 minutos (art. 73 da CLT).

> As horas suplementares da jornada de trabalho normal poderão ser compensadas diretamente até a semana imediatamente posterior à da sua execução, devendo ser feita a sua quitação como horas extras na folha de pagamento do mês subsequente, caso não sejam compensadas (art. 59 da CLT). (BRASIL, 1943)

2.6.4.3 Trabalho noturno

A Constituição Federal, em seu art. 7º, inciso IX, estabelece que a remuneração do trabalho noturno com valor superior à do diurno é direito dos trabalhadores.

Horário noturno

Segundo o art. 73 da CLT, nas atividades urbanas, é considerado horário noturno o trabalho realizado entre as 22 horas de um dia e as 5 horas do dia seguinte.

> Nas atividades rurais, é considerado noturno o trabalho executado na lavoura entre 21:00 horas de um dia e as 5:00 horas do dia seguinte, e na pecuária, entre 20:00 horas e 4:00 horas do dia seguinte (Lei n.º 5.889/1973, regulamentada pelo Decreto n.º 73.626/1974 e no art. 7º da Constituição Federal/1988). (BRASIL, 1973; 1988)

2.6.4.4 Intervalo para descanso

A CLT (art. 73) prevê intervalo para repouso ou alimentação. Esse intervalo varia de acordo com a duração da jornada de trabalho, conforme apresentado no Quadro 2.8.

Quadro 2.8 – Descanso durante a jornada de trabalho

Duração da jornada de trabalho	Intervalo para descanso
4 horas	Sem intervalo
Acima de 4 horas e no máximo 6 horas	15 minutos
Acima de 6 horas	De 1 hora (mínimo) a 2 horas (máximo)

2.6.4.5 Repouso semanal

O Descanso Semanal Remunerado (DSR) está previsto no art. 7º, XV, da Constituição Federal: "é de 24 horas consecutivas, devendo ser concedido preferencialmente aos domingos, sendo garantido a todo trabalhador urbano, rural" ou doméstico (para o trabalhador doméstico, o fundamento está no art. 7º, parágrafo único, da Constituição Federal).

Havendo necessidade de trabalho aos domingos, desde que previamente autorizado pelo Ministério do Trabalho, é assegurado aos trabalhadores pelo menos um dia de repouso semanal remunerado coincidente com um domingo a cada semana, dependendo da atividade (arts. 67 e 68 da CLT). (BRASIL, 1943)

O descanso (DSR) é remunerado, e para o cálculo desta remuneração devemos observar as opções apresentadas no Quadro 2.9:

Quadro 2.9 – Cálculo do DSR

Trabalhador	DSR
Trabalhador com jornada diária, semanal, quinzenal ou mensal	Equivale a um dia de serviço (computadas as horas extraordinárias habitualmente prestadas)
Trabalhador horista	Equivale à soma das horas normais trabalhadas no mês, dividida pelo número de dias úteis do mesmo período, e este resultado é multiplicado pela quantidade de domingos e feriados, e este último é multiplicado pelo valor da hora normal
Trabalhador em regime de tarefa ou peça	Equivale ao salário correspondente às tarefas ou peças feitas durante a semana no horário normal de trabalho, dividido pelos dias de serviço efetivamente prestados ao empregador
Empregado em domicílio	Equivale à importância total da sua produção na semana dividida por 6

2.6.4.6 Férias

A CLT explicita, no art. 129, que todo empregado tem direito a um período de férias a cada 12 meses de trabalhos.

Desde que haja concordância do empregado, as férias poderão ser usufruídas em até três períodos, sendo que um deles não poderá ser inferior a 14 dias corridos e os demais não poderão ser inferiores a 5 dias corridos, cada um (art. 134, § 1º, da CLT). (BRASIL, 1943)

O período de férias corresponde a 30 dias corridos para o empregado com jornada de trabalho integral, ou de 8 a 18 dias corridos para aquele com jornada semanal, sendo que o direito a esse período de férias é adquirido pelo empregado após cada período de 12 meses de vigência do contrato de trabalho (CLT, art. 130). No caso de regime de tempo parcial, o empregado tem direito a férias após cada período de 12 meses do contrato de trabalho (art. 130-A da CLT).

Vejamos, no Quadro 2.10, todas as possibilidades.

Quadro 2.10 – Período de férias

Dias de férias	Ocorrência
Jornada integral	
30 dias corridos	Empregado não faltou sem justificativa ao serviço mais de 5 vezes no mesmo período de 12 meses
24 dias corridos	Empregado teve de 6 a 14 faltas injustificadas no período de 12 meses
18 dias corridos	Empregado teve de 15 a 23 faltas injustificadas no período de 12 meses
12 dias corridos	Empregado teve de 24 a 32 faltas injustificadas no período de 12 meses
Jornada parcial	
18 dias	Empregado em trabalho semanal com duração de 22 a 25 horas
16 dias	Empregado em trabalho semanal com duração de 20 a 22 horas
14 dias	Empregado em trabalho semanal com duração de 15 a 20 horas
12 dias	Empregado em trabalho semanal com duração de 10 a 15 horas
10 dias	Empregado em trabalho semanal com duração de 5 a 10 horas
8 dias	Empregado em trabalho semanal com duração de menos de 5 horas
Redução de 50%	Empregado teve mais de 7 faltas injustificadas durante o período aquisitivo, nos casos de jornada parcial

Notas:

O empregado pode converter 1/3 do período de férias a que tiver direito em "abono pecuniário".

As férias não podem iniciar 2 dias antes do início de feriado ou dia de repouso semanal remunerado, por força da legislação brasileira.

2.6.4.7 Remuneração de férias

Conforme o art. 7º, inciso XVII, da Constituição Federal, a remuneração das férias corresponde ao valor do salário normal, mais um adicional de 1/3 desse mesmo valor. Isso vale também para o valor convertido em abono pecuniário: "Será devido o abono de mais 1/3 do salário normal, quando o empregado solicitar a conversão de parte do período de férias em dinheiro" (art. 143 da CLT).

2.6.4.8 Férias coletivas

O empregador pode também conceder férias coletivas aos seus empregados para serem gozadas em dois períodos anuais de no mínimo 10 dias cada (art. 139 da CLT).

Aviso prévio de férias

Comunicação ao Sr. _____

O EMPREGADOR vem, por meio do presente, notificar o EMPREGADO, com antecedência de 30 (trinta) dias, nos termos do art. 135 da Consolidação das Leis do Trabalho, que concederá férias no período abaixo determinado.

Período de aquisição:

O período de aquisição originador do presente direito é de: (dd) (mm) a (aaaa) a (dd) (mm) a (aaaa).

Período de gozo de férias:

O período de gozo das férias será de: (dd) (mm) a (aaaa) a (dd) (mm) a (aaaa).

(Local, data e ano)
(Nome e assinatura do empregador)   (Nome e assinatura do empregado)

Figura 2.17 – Aviso de férias.

2.6.3.9 Décimo terceiro salário

O 13º salário significa o pagamento de uma remuneração adicional por ano. Ele é regulamentado pela Constituição Federal de 1988, Lei Complementar n.º 110/2001 e Lei n.º 4.090/1962.

O 13º salário é pago em 2 parcelas:

- Primeira parcela: até 30 de novembro (pode ser paga junto com as férias do empregado se este solicitar no mês de janeiro de cada ano).

- Segunda parcela: até 20 de dezembro.

O não pagamento do 13° salário de acordo com os prazos fixados para pagamento sujeitará o empregador a multas.

2.6.4.10 Cálculo da folha de pagamento

A folha de pagamento registra todos os valores pagos e descontados, identificando a origem/motivo de cada um deles, e é obrigatória para todas as empresas.

Apesar de não ser exigido por lei, torna-se praticamente obrigatória a utilização de processamento eletrônico da folha de pagamento, em virtude da alta complexidade e responsabilidade exigida no processo.

Os lançamentos efetuados devem ser repassados ao empregado pelo empregador na forma de recibo de pagamento, de forma clara e transparente, facilitando ao máximo seu entendimento. Todos os valores devem ser devidamente contabilizados, de forma a oficializar todos os lançamentos e recolhimentos efetuados.

De acordo com a legislação brasileira, os principais itens a serem considerados na folha de pagamento são os apresentados no Quadro 2.11.

Quadro 2.11 – Responsabilidade pelo pagamento

Descrição	Responsabilidade (quem paga)
Remuneração total do empregado	Empregador
Contribuição previdenciária – INSS	Empregador
Imposto de Renda Pessoa Física	Empregador
Salário-Família	Previdência Social
Contribuição Previdenciária INSS	Empregador
Salário-Educação	Empregador
Senai/Senac	Empregador
Sesi/Sesc	Empregador
Sebrae/Incra	Empregador
Enquadramento SAT/RAT* (FAP)	Empregador
FGTS	Empregador
Vale-transporte	Rateio empregado/empregador
Vale-alimentação	Empregador
Vale-refeição	Rateio empregado/empregador
Assistência médica	Rateio empregado/empregador
PIS	Empregador
Cofins	Empregador

* **RAT (Risco de Acidente do Trabalho):** é uma contribuição na forma de seguro obrigatório, destinada à cobertura de acidentes de trabalho, calculada sobre a folha de pagamento. O grau de risco é determinado pelo Código de Atividade Econômica da empresa em tabela divulgada pelo Ministério do Trabalho.

** **FAP (Fator Acidentário de Prevenção):** é um multiplicador variável em um intervalo 0,5000 a 2,0000, a ser aplicado sobre a alíquota RAT. Ou seja, as alíquotas do RAT podem sofrer redução em até 50% ou aumento de até 100% em razão do desempenho da empresa em relação ao desempenho da empresa no que tange à segurança do trabalhador, aferida pelo FAP.

2.6.4.11 Empresas não optantes do Simples Nacional

O recolhimento de encargos e contribuições das empresas não optantes ao Simples Nacional corresponde às alíquotas apresentadas no Quadro 2.12.

Quadro 2.12 – Alíquotas

Tipo	Alíquota
Contribuição à Previdência Social (INSS)	20%
Fundo de Garantia por Tempo de Serviço (FGTS)	8%
Salário-educação	2,5%
Senac/Sesc	1,5%
Senai/Sesi	1%
Sebrae	0,6%
Incra	0,2%
Risco de Acidente do Trabalho (RAT): alíquota variável, de acordo com o nível de risco de acidente de trabalho, a ser aplicada sobre o valor da Folha de Pagamento para a cobertura deste seguro. É de:	
• Empresa com risco **leve** de acidente do trabalho:	1%
• Empresa com risco **médio** de acidente do trabalho:	2%
• Empresa com risco **grave** de acidente do trabalho:	3%
Fator Acidentário Prevenção (FAP) **0,5000 a 2,0000**, aplicado com quatro casas decimais, a ser aplicado sobre a alíquota RAT de 1%, 2% ou 3%	
PIS – Programa de Integração Social	1%
Cofins – Contribuição para Financiamento da Seguridade Social	1%

Outros percentuais a serem considerados em empresas não optantes do Simples Nacional:

Férias + 1/3 constitucional	12,67%
13º salário	10,86%

2.6.4.12 Tabela para empregado, empregado doméstico e trabalhador avulso 2017

Tabela 2.1 – Salário-base para contribuição ao INSS

INSS - Salário de Contribuição (R$)		Empregador doméstico	Empregador geral	Empregados (todos)	% Total doméstico	% Total geral
Até	1.659,38	12%	20%	8,00%	20%	28%
1.659,39	2.765,66	12%	20%	9,00%	21%	29%
2.765,67	5.531,31	12%	20%	11,00%	23%	31%

* Atualizada anualmente

Dica

Para saber sobre as atualizações da tabela de contribuição, acesse o portal do Ministério do Trabalho: <www.trabalho.gov.br>. Acesso em: 23 dez. 2017.

2.6.4.13 Tabela de IRRF mensal 2017

Tabela 2.2 – Alíquotas para dedução de IRRF mensal

Base de cálculo (R$)	Alíquota (%)	Parcela a deduzir do IRPF (R$)
Até 1.903,98	Isento	-
De 1.903,99 até 2.826,65	7,5 %	142,80
De 2.826,66 até 3.751,05	15 %	354,80
De 3.751,06 até 4.664,68	22,5 %	636,13
Acima de 4.664,68	27,5 %	869,36
Dedução por dependente: R$ 189,59		

* Atualizada anualmente

 Dica

Para saber mais ou sobre atualizações nas tabelas de IRRF, acesse o portal da Receita Federal: <www.receita.fazenda.gov.br>. Acesso em: 23 dez. 2017.

2.6.4.14 Tabela de incidência sobre verbas

Para facilitar a identificação das verbas que contribuem com INSS, IRRF e FGTS, veja o Quadro 2.13, que lista as mais frequentemente utilizadas. Ela é a base de alimentação para os sistemas de cálculo de folha eletrônicos que elaboram as folhas de pagamento.

Quadro 2.13 – Tabela de incidências

Verbas	IRRF	INSS	FGTS
Abonos	☑	☑	☑
Abono pecuniário de férias	☐	☐	☐
Adicional de insalubridade	☑	☑	☑
Adicional de periculosidade	☑	☑	☑
Adicional de trabalho noturno	☑	☑	☑
Adicional por tempo de serviço	☑	☑	☑
Adicional de transferência	☑	☑	☑
Horas extras	☑	☑	☑
Reembolso de assistência médica e odontológica	☐	☐	☐
Reembolso de despesas com medicamentos e hospitalares	☐	☐	☐

Reembolso de equipamentos médicos e ortopédicos	☐	☐	☐
Auxílio-acidente (primeiros 15 dias)	☑	☑	☑
Auxílio-doença (primeiros 15 dias)	☑	☑	☑
Aviso prévio indenizado	☐	☑	☑
Aviso prévio trabalhado	☑	☑	☑
Comissões	☑	☑	☑
Auxílio-creche, para criança até 6 anos de idade, desde que as despesas sejam comprovadas	☑	☐	☐
13º salário pago em rescisão	☑	☑	☑
13º salário – 1ª parcela	☐	☐	☑
13º salário – 2ª parcela	☑	☑	☑
Diárias para viagem até 50% do salário	☐	☐	☐
Diárias para viagem acima de 50% do salário	☑	☑	☑
Direitos autorais	☑	☐	☐
Estágio	☑	☐	☐
Férias gozadas e adicional de 1/3	☑	☑	☑
Férias dobradas – parcela paga em dobro	☐	☐	☐
Férias indenizadas + 1/3 quando da rescisão, aposentadoria ou exoneração	☐	☐	☐
Gorjetas	☑	☑	☑
Gratificações	☑	☑	☑
Indenização por despedida nos 30 dias que antecedem à data--base (Lei n.º 6.708/1979, art. 9º)	☐	☐	☐
Indenização – 40% sobre o saldo do FGTS pela despedida sem justa causa	☐	☐	☐
Indenização por rescisão antecipada de trabalho com termo estipulado – art. 479 CLT (ex.: contrato de experiência)	☐	☐	☐
Indenização por incentivo à demissão	☐	☐	☐
Licença-prêmio indenizada	☐	☐	☐
Multa por atraso no pagamento da rescisão (art. 477, § 8º, CLT)	☑	☐	☐
Participação dos empregados nos lucros	☑	☐	☐
Educação, capacitação e qualificação profissionais vinculados às atividades desenvolvidas pela empresa, desde que não seja em substituição de parcela salarial, conforme o art. 21 da Lei n.º 9.394/1996	☑	☐	☐
Previdência privada (aberta ou fechada) – paga pela pessoa jurídica a todos os empregados e dirigentes, conforme os arts. 9º e 468 da CLT, se for o caso	☐	☐	☐
Quebra de caixa	☑	☑	☑
Salário-maternidade	☑	☑	☑

Salário-família	☐	☐	☐
Saldo de salário em rescisão	☑	☑	☑
Vale-transporte	☐	☐	☐
Transporte, alimentação e habitação fornecidos pela empresa ao empregado que foi contratado para trabalhar em local distante de sua moradia e que exija deslocamento e estada, em função da atividade exercida, e de acordo com as normas de proteção do Ministério do Trabalho.	☐	☐	☐
Vale-alimentação – PAT	☐	☐	☐
Vestuários, equipamentos e outros acessórios fornecidos ao empregado e utilizados no local do trabalho para prestação dos respectivos serviços	☐	☐	☐

2.6.5 Dissolução do contrato de trabalho

O contrato de trabalho pode ser encerrado de mais de uma maneira, dependendo da situação em que este encerramento ocorre, bem como do tipo de contrato estabelecido. Os tipos de dissolução existentes são os indicados a seguir.

Resilição

Declaração formal entre as partes (art. 481 da CLT).

Quando termina o prazo em um contrato com prazo determinado.

Resolução

Quando uma das partes busca o Poder Judiciário para terminar a relação de emprego.

Exemplo: rescisão indireta (art. 483), por iniciativa do empregado motivadas, por exemplo, por assédio moral e sexual, falta de recebimento de salário, não recolhimento do FGTS pela empresa, entre outros.

Rescisão

Quando há quebra do contrato por interesse ou falta grave de uma das partes.

Para formalizar o desligamento deve ser feito documento contendo:

- Motivo do desligamento.

- Data do desligamento.

- Aviso prévio (dispensa ou não).

- Data para acerto de contas.

O empregado tem os seguintes direitos garantidos pela Consolidação das Lei Trabalhistas:

- Aviso prévio.
- Saldo de salários.
- Férias integrais.
- Férias proporcionais.
- Multa relativa a dispensa sem justa causa.

Por comum acordo entre as partes (art. 484 da CLT)

A extinção do contrato de trabalho pode ocorrer por acordo entre empregado e empregador.

Cessação

A cessação ocorre quando do óbito de uma das partes, seja o empregado ou o empregador (art. 477 da CLT).

Aviso prévio

"Não havendo prazo estipulado, a parte que, sem justo motivo, quiser rescindir o contrato, deverá avisar a outra da sua resolução, com antecedência mínima" (art. 487 da CLT).

De acordo com o novo texto da CLT, quando de uma demissão sem justa causa, o valor do aviso prévio deverá ser proporcional ao tempo de serviço do empregado na respectiva empregadora.

Também de acordo com o novo texto da CLT, o aviso prévio continua sendo de 30 dias para aqueles contratos de trabalho de mais de 1 ano na mesma empresa. No entanto, acima desse período de empresa, haverá acréscimo em função do tempo de serviço na empresa: mais três dias para cada ano trabalhado, até o máximo de 90 dias (art. 1º da Lei n.º 12.506, de 11 de outubro de 2011).

O aviso prévio é exigido tanto quando o empregado pede sua demissão como quando o empregador decide demitir o empregado sem justa causa (no caso de contrato de trabalho por prazo indeterminado). No caso de contrato por prazo determinado, também é devido o aviso prévio caso haja uma rescisão antecipada e houver (no contrato) cláusula obrigatória.

Aviso prévio indenizado

Ao empregador cabe o direito de determinar o desligamento imediato do funcionário, assim o aviso prévio deve ser indenizado, ou seja, o empregador efetua o pagamento do período juntamente com a rescisão.

Se o empregado opta por se desligar de imediato da empresa, a seu pedido, o empregador tem o direito de efetuar o desconto do valor do aviso prévio indenizado dos valores a serem pagos na rescisão de contrato.

O período do aviso prévio dado pelo empregador deve ser considerado de forma integral como tempo de serviço para todos os efeitos legais, incluindo-se reajustes de salário, 13° salário, férias e indenizações. Isso é válido tanto para o aviso prévio trabalhado quanto para o indenizado.

Para os casos de comum acordo entre as partes previstas na Lei n.° 6.787-B de 2016, art. 484-A, as verbas rescisórias referentes ao aviso prévio, se indenizado, serão devidas pela metade.

2.6.6 Seguro-desemprego

O programa de seguro-desemprego é uma assistência social temporária de responsabilidade do Governo Federal. Tem direito a ele os trabalhadores com carteira assinada que perderam o emprego sem justa causa, com a finalidade de reduzir o impacto dessa perda de renda.

Esse programa é financiado pelas contribuições do PIS e do Pasep, que foram recolhidas mensalmente a partir da folha de pagamento, pelo empregador.

Ao dar entrada na solicitação do benefício, o trabalhador deve ser encaminhado através do Sistema Nacional de Emprego para vagas disponíveis e compatíveis com suas habilidades.

O trabalhador deve atender aos requisitos apresentados no Quadro 2.14 para ter direito ao benefício.

Quadro 2.14 – Condições para solicitação do seguro-desemprego

1ª solicitação	Carteira assinada por pelo menos 12 meses consecutivos antes da demissão 16 meses sem solicitar o benefício
2ª solicitação	Carteira assinada por no mínimo 9 meses consecutivos antes da demissão
3ª solicitação	Carteira assinada por no mínimo 6 meses consecutivos antes da demissão
Trabalhador rural	Carteira assinada por pelo menos 15 meses nos últimos 24 meses

As condições para ter direito ao seguro-desemprego são apresentadas no Quadro 2.15.

Quadro 2.15 – Requisitos para receber o seguro-desemprego

Não ter sido demitido por justa causa	
Não ter pedido demissão	
Não ter se desligado por acordo comum	
Não fazer parte de outros programas de benefícios da Previdência Social em paralelo, excetuando-se auxílio por acidentes e pensão por morte	
Não fazer parte de quadro societário de empresas	
Pescador artesanal	Durante a época da reprodução dos peixes (seguro defeso)
Escravos	Trabalhadores que tenham sido resgatados de condições de escravos e assemelhados

Os prazos para solicitação do benefício e a quantidade de parcelas a receber são apresentados no Quadro 2.16:

Quadro 2.16 – Prazos para solicitação

Trabalhador formal	De 7 a 120 dias após a data de assinatura da demissão
Trabalhador doméstico	De 7 a 90 dias após a data de assinatura da demissão
Pescador artesanal	120 dias após a data da proibição
Trabalhadores escravos	90 dias após o resgate

	Benefício
1ª solicitação	12 meses de carteira assinada: 4 parcelas
	24 meses de carteira assinada: 5 parcelas
	9 meses de carteira assinada: 3 parcelas
2ª solicitação	12 meses de carteira assinada: 4 parcelas
	24 meses de carteira assinada: 5 parcelas
	6 meses de carteira assinada: 3 parcelas
3ª solicitação	12 meses de carteira assinada: 4 parcelas
	24 meses de carteira assinada: 5 parcelas

 Fique de olho

A Consolidação das Leis do Trabalho, incluindo as atualizações de 2017, foram o tema deste capítulo, no qual os aspectos principais da legislação foram abordados, com a finalidade de facilitar as atividades do administrador empresarial no dia a dia da empresa. Os contratos trabalhistas são, como todos os tipos de contratos, "atos jurídicos perfeitos", pois impõem direitos e obrigações a ambas as partes e seu perfeito entendimento contribui para um relacionamento duradouro e sadio.

 Dica

Mais informações e atualizações podem ser obtidas no portal <www.trabalho.gov.br>. Acesso em: 4 dez. 2017.

Capítulo 3

Organização da Empresa

3.1 Espaços físicos em ambientes corporativos

3.1.1 Importância

Ao elaborarmos o projeto de uma planta de negócios, temos de levar em consideração que é nesse ambiente em que passaremos a maior parte de nossos dias com nossos funcionários.

Assim, um projeto bem elaborado dessas áreas deve ser desenvolvido através de softwares que permitam criar um ambiente virtual dos postos de trabalho e a colaboração de toda a equipe envolvida, de forma a desenvolver de um ambiente eficiente.

O ambiente eficiente leva em consideração o posicionamento correto dos funcionários e dos equipamentos visando a facilidade de comunicação entre esses postos, reduzindo a necessidade de movimentação de pessoas e materiais.

Os postos de trabalho devem possuir proximidade relativa à afinidade e necessidade de comunicação entre seus executantes, além de que os sistemas de comunicação devem permitir o compartilhamento de informações e a colaboração entre as áreas não próximas em tempo real.

Os sistemas integrados colaboram de maneira eficiente através das redes, reduzindo expressivamente o número de funcionários das áreas de administração. Essa redução implica também a redução dos espaços necessários, contudo, devemos considerar que existe a necessidade de os funcionários se tornarem cada vez mais eficientes e focados às suas funções; o reflexo dessa dedicação e foco refletem diretamente no organismo dos funcionários. Assim, cada vez mais as empresas devem se preocupar com o bem-estar, o conforto e a segurança de seus colaboradores.

As elaborações dos projetos dos espaços físicos devem levar em consideração as características das atividades e necessidade de proximidade e frequência de comunicação levando a um agrupamento.

A organização de ambientes e utilização de espaços devem seguir os critérios a seguir:

Classificação	Inter-relação		Cor
A	Absolutamente necessária	≡≡≡≡≡	Vermelho
E	Muito importante	≡≡≡≡	Laranja
I	Importante	≡≡≡	Verde
O	Pouco importante	≡≡	Azul
U	Desprezível		Amarelo
X	Indesejável	-----	Marrom

Figura 3.1 – Organização de espaços físicos.

Fonte: Muther (1973).

3.1.2 Princípios da ergonomia

A palavra "ergonomia" tem origem da junção das palavras gregas *ergon*, que significa trabalho, e *nomos*, que significa leis ou normas.

Ergonomia é a compreensão das interações e seus efeitos, entre o homem e os outros elementos do ambiente, sobre o próprio homem.

Os sistemas integrados permitem que, ao projetarmos um ambiente de trabalho, os impactos negativos sobre o ser humano sejam minimizados ou até mesmo eliminados, aplicando conceitos de:

- **Anatomia**: é o ramo da medicina que estuda a forma e a estrutura dos diferentes elementos que constituem o corpo humano.
- **Fisiologia**: conhecimento das funções e do funcionamento normal dos seres vivos.
- **Biomecânica**: aplica as leis da mecânica em estruturas orgânicas vivas.
- **Engenharia**: analisa e suporta a aplicação de métodos científicos ou empíricos à utilização dos recursos da natureza em benefício do ser humano.
- **Desenho industrial**: dirigido para o desenvolvimento dos produtos industriais (que podem ser produzidos em série e em grande escala).
- **Informática**: esta ciência se dedica ao tratamento da informação mediante o uso de computadores e demais dispositivos de processamento de dados.
- **Administração**: processo de administrar com eficiência, planejando, organizando, dirigindo e controlando.
- **Psicologia**: é a ciência que analisa o comportamento do ser humano e de seus efeitos no ambiente físico e social.
- **Antropometria**: estudo das medidas e dimensões das diversas partes do corpo humano em sua evolução

Assim, por meio desses sistemas, podemos desenvolver soluções mais eficientes que eliminem problemas cada vez mais frequentes e prejudiciais ao ser humano e economicamente, como:

- redução de produtividade devido a desconforto excessivo;
- afastamentos temporários por problemas de saúde;
- afastamentos permanentes por problemas crônicos e/ou irreversíveis;
- custos com indenizações e ações judiciais.

Quadro 3.1 – Principais soluções que devem ser contempladas na elaboração de projetos

Condições ambientais	Condições ergonômicas
Temperatura inapropriada	Trabalho prolongado
Iluminação inadequada	Postura incorreta
Excesso de ruído	Movimentos repetitivos
Ventilação insuficiente	Movimentos forçados

3.1.2.1 Condições ambientais

Temperatura inapropriada

Pode causar congestão nasal (nariz entupido), lacrimejamento, coceira nos olhos ou na pele, dores de cabeça e náuseas, e, como consequência, desconforto e redução na produtividade.

Iluminação inadequada

Causa maior probabilidade de ocorrência de acidentes por fadiga ocular, dores de cabeça e estresse; induz posturas incorretas e reduz a motivação. Esse desconforto também influencia negativamente na produtividade.

Excesso de ruído

Causa perda de audição, zumbido, ansiedade, insônia e até depressão, podendo causar afastamentos e redução de produtividade.

Ventilação insuficiente

A ventilação insuficiente ou inapropriada ao ambiente aumenta o risco de propagação de vírus e bactérias, causando afastamentos e redução na produtividade.

3.1.2.2 Condições ergonômicas

Trabalho prolongado

O trabalho prolongado pode levar a pessoa a desenvolver alguns problemas em virtude do cansaço físico e mental, como depressão, estresse, entre outros, que hoje são grandes causadores de afastamento nas empresas.

Postura incorreta

Uma postura incorreta no trabalho causa fadiga, dores nas costas, tenossinovite (inflamação dos tendões), entre outros problemas.

Movimentos repetitivos

Os movimentos repetitivos levam à LER (lesão por esforço repetitivo), que é uma das causas de afastamentos nas empresas.

Movimentos forçados

Executar movimentos forçados pode causar formigamento e dormência.

Organização da Empresa 85

A Quarta Revolução Industrial vem justamente apresentando soluções para esses problemas ao substituir pessoas por robôs para atuarem em ambientes inadequados, trabalhos que exigem esforços físicos e para atividades que exigem esforços repetitivos. Essa ferramenta já é economicamente viável em nosso mercado.

> **Fique de olho**
>
> Abordamos os espaços necessários e adequados para alocar máquinas e pessoas, de forma a preservar a saúde física e mental dos colaboradores, contribuindo, assim, para a redução do absenteísmo e de custos desnecessários com a substituição mesmo que temporária de pessoal.

> **Dica**
>
> Para obter mais informações sobre as normas regulamentadoras, consulte o site do Ministério do Trabalho: <www.trabalho.gov.br/index.php/seguranca-e-saude-no-trabalho/normatizacao/normas-regulamentadoras>. Acesso em: 4 dez. 2017.

3.2 Organização da empresa

O profissional adequado para exercer as funções necessárias à organização da empresa é o administrador de empresas. Neste capítulo, vamos verificar quais aspectos o administrador deve considerar, e como a empresa pode ter suas atividades otimizadas através da boa atuação do administrador.

Em princípio, o administrador é um estrategista, articulador e conciliador de interesses e valores. Ele deve ser capaz de defender os interesses da sociedade, de seus funcionários, de seus fornecedores, clientes, acionistas, do estado e do meio ambiente, além de possuir fortes valores éticos e morais. Ou seja, possuir conhecimento sistêmico e competência gerencial.

Os impactos que a evolução tecnológica tem causado nas organizações exigem uma nova mudança de postura por parte dos administradores, as habilidades em desenvolver planos estratégicos e contingenciais que deem a organizações mais velocidade e agilidade.

As plataformas digitais evoluíram para plataformas globais e estão cada vez mais eficientes em tornar mais eficientes as atividades de organização, direção e controle das operações definidas no planejamento.

As principais áreas de atuação e sob a responsabilidade direta do administrador são abordadas a seguir:

Administração geral

- Área de portarias, recepção e segurança.
- Área de controle patrimonial.
- Área de manutenção, limpeza e conservação predial.
- Tecnologia da Informação (TI).

Recursos humanos – Departamento pessoal e RH

- Área de recrutamento e seleção.
- Área de admissão e demissão.
- Área de benefícios.
- Área de apontamento e folha de pagamento.

Financeiro

- Tesouraria.
- Crédito e cobrança.
- Faturamento.
- Contabilidade (fiscal e gerencial).

Logística

- Compras.
- Armazenagem de matérias-primas.
- Armazenagem de suprimentos.
- Distribuição e recepção (docas).
- Movimentação interna (produtos em processo).
- Frota de veículos.

Comercial

- Marketing.
- Pesquisa de mercado.
- Atendimento ao cliente.
- Novos produtos e serviços.
- Vendas.

Administração industrial

- Produção, incluindo a atividade produtiva em si, seu planejamento e controle.
- Acabamento.
- Embalagem.
- Qualidade.

3.2.1 Normas e procedimentos da organização

As normas são as regras a serem observadas no desempenho das atividades. Elas visam os aspectos técnicos, comportamentais, éticos e morais da organização. Ou seja, elas listam e explicitam "como" e "para que" fazer.

Os procedimentos são os atos a serem praticados, as ações a serem implementadas para a execução dos trabalhos. Nos procedimentos, são descritas de forma detalhada as metodologias, os critérios e o fluxo de informações relativos a todos os processos executados na empresa. Ou seja, os procedimentos indicam "o que" fazer.

As normas e os procedimentos caminham juntos na empresa: as normas apontam para as metas a serem alcançadas usando como ferramentas os procedimentos adotados e tratam das medidas de qualidade na execução desses procedimentos.

3.2.1.1 Características, finalidades e impactos na administração

Normas e procedimentos são a descrição dos caminhos que a empresa deve seguir. A empresa dispor das normas e procedimentos necessários, e segui-los correta e completamente, resulta em uma empresa organizada e capaz de dirigir seus esforços na direção proposta pela administração, em que as operações estão sob controle, tornando possível executar auditorias de verificação e controle das operações existentes. Essas verificações e auditorias das rotinas também contribuem para a manutenção e melhoria da qualidade da empresa.

3.2.1.2 Normas técnicas

As normas técnicas são produzidas por um órgão oficial, tal como Conformité Européenne (CE), International Organization for Standardization (ISO) ou Associação Brasileira de Normas Técnicas (ABNT). Elas definem procedimentos, padrões mínimos, características, entre outros, de um material, produto, processo de ensaio etc.

A obediência a uma norma técnica não é obrigatória, exceto se houver lei específica fazendo referência à norma. No entanto, em muitos casos, o atendimento a uma norma pode ser um diferencial competitivo, trazendo vantagens para a empresa.

3.2.1.3 Normas por hierarquia e órgãos regulamentadores

Norma internacional (ISO, IEC, ITU)

As organizações de nível global que trabalham na elaboração de normas técnicas são reconhecidas pela Organização Mundial do Comércio para o comércio internacional (OMC). Entre essas associações estão, por exemplo:

- International Organization for Standardization (ISO).
- International Electrotechnical Commission (IEC).

Norma regional (COPANT, AMN, CEN)

As normas técnicas regionais são aplicáveis a um conjunto de países ou blocos econômicos. São exemplos de normas regionais as elaboradas por:

- Associação Mercosul de Normalização (AMN).
- Comitê Europeu de Normalização (CEN).
- Comissão Pan-americana de Normas Técnicas (Copant).

Norma nacional (ABNT, AFNOR, AENOR, IRAM)

As normas nacionais são aplicáveis a um país somente. São produzidas a partir de interesses variados, sejam estes da indústria, de consumidores ou de outros. São exemplos de normas nacionais as emitidas por:

- Associação Brasileira de Normas Técnicas (ABNT).
- Instituto Uruguayo de Normas Técnicas (UNIT).
- Deutsche Industrie Norm (DIN – Alemanha).
- Instituto de Racionalización Argentino de Materiales (IRAM – Argentina).

Norma organizacional

São as normas internas a uma empresa, com a finalidade de tornar claras e objetivas suas atividades, disposições, responsabilidades e autoridades.

Norma associativa

São aquelas estabelecidas por entidades de classe para o desenvolvimento sistemas de padronização comuns a todos os associados. Como exemplo, as normas divulgadas pela:

- American Society for Testing and Materials (ASTM).

Normas por tipo

Normas de base	São as de âmbito geral.
Normas de terminologia	Referem-se aos termos e definições utilizados.
Normas de ensaio	Definem como devem ser realizados os ensaios, não somente os procedimentos, mas também amostragens e cálculos estatísticos associados.
Normas de produto	Estabelecem as características a serem atingidas por um produto (valores mínimos, máximos, tolerâncias, materiais etc).
Normas de processo	Definem os requisitos necessários a um determinado processo produtivo.
Normas de serviço	Listam os requisitos necessários para prestação de um serviço.

Procedimentos da qualidade

Os processos de administração da qualidade da empresa precisam ser definidos tendo em vista as peculiaridades de cada empresa, em virtude de características como seu porte e as especificidades dos processos. Existem seis procedimentos que devem ser observados e seguidos, visando-se atender a qualquer processo de certificação:

- Controle de documentos.
- Controle de registros.
- Auditoria interna.
- Controle de produto não conforme.
- Ações corretivas.
- Ações preventivas.

 Fique de olho

Analisamos como o planejamento, o controle e a organização, quando realizadas de forma eficiente, contribuem na estruturação formal da empresa na definição e adoção de normas e procedimentos adequados às atividades.

 Dica

Para mais informações sobre normas, leituras e pesquisas sobre esse tema, consulte o site da ABNT: <www.abnt.org.br/>. Acesso em: 4 dez. 2017.

3.3 Tratamento de informações

As informações que transitam na empresa fazem parte de sua cultura e são um dos produtos produzidos por seus empregados. Tratam-se de material que define as estratégias da empresa, seja pela definição de campanhas comerciais, projetos a serem implementados, políticas que a empresa assume ou projeta assumir no futuro, tanto internamente quanto externamente, entre muitas outros.

3.3.1 Princípios éticos e valores
3.3.1.1 Moral

Moral são os valores de uma sociedade. Podem ser consideradas regras, pois os valores morais normalmente acarretam uma consequência para quem não os segue. Portanto, os valores morais normalmente são valores impostos. A moral, muitas vezes, é seguida cegamente.

3.3.1.2 Ética

A ética é uma reflexão sobre os princípios morais, o questionamento desses valores e têm como base o bem viver, a busca constante do aprimoramento das relações humanas, do respeito e do convívio. A ética é questionadora.

3.3.1.3 Valores individuais e coletivos

Valores morais e éticos são instrumentos indispensáveis para a evolução da sociedade e integração dos indivíduos.

Desde o nosso nascimento, aprendemos os conceitos de certo e errado, e, a partir disso, assumimos as premissas dos valores da nossa sociedade.

Esses valores são transmitidos dentro de várias perspectivas diferentes, como:

- Religiões.
- Culturas.
- Costumes locais.
- Grupos sociais.
- Medos e lendas.
- Entre muitos outros.

Tanto valor moral quanto ética podem ser definidos como "respeito à vida", não apenas à vida do indivíduo, mas, sim, à toda coletividade, já que vivemos em sociedade e dependemos uns dos outros.

3.3.1.4 *Compliance* e ética profissional

As normas de ética e conduta estão relacionadas com o cumprimento das leis e regulamentos, evitando, detectando e tratando desvios e inconformidades de conduta e procedimentos que venham a ocorrer dentro das organizações. Essas normas e diretrizes estão diretamente relacionadas com os valores da empresa, devem ser amplamente divulgadas para os funcionários desde a sua contratação e seu cumprimento deve ser exigido a todo momento. O conhecimento das normas, sua divulgação e a manutenção frequente do seu entendimento aproxima os funcionários e facilita seu relacionamento, bem como incentiva as relações saudáveis com os clientes.

Negócios realizados com base nesses valores tornam o ambiente profissional mais seguro, valorizando princípios que fortalecem a presença, imagem e posição da empresa no mercado.

As qualidades esperadas de um profissional dentro dos preceitos da ética profissional são apresentadas no Quadro 3.2.

Organização da Empresa 91

Quadro 3.2 – Qualidades

Respeito e consideração	Sentimento que leva alguém a tratar bem outras pessoas e com atenção
Cordialidade	Ato de tratar com franqueza, amizade e familiaridade
Disciplina	Obediência a leis e regras
Empatia	Aptidão para se identificar intelectual ou afetivamente com o outro
Responsabilidade	Habilidade individual, pessoal, de responder por seus atos e de seus prepostos
Comunicação	Capacidade de se relacionar ou ocasionar a transmissão ou recepção de ideias ou de mensagens e compartilhar informações
Cooperação	Assistir, colaborar, prestar ajuda ou auxílio, contribuindo com o negócio

3.3.1.5 Virtudes profissionais

As virtudes profissionais incluem a demonstração da boa conduta, em conformidade com a religião, a moral, a ética e os conceitos e valores da empresa, do mercado e da sociedade.

As virtudes profissionais são apresentadas no Quadro 3.3:

Quadro 3.3 – Virtudes

Iniciativa	Ânimo ou disposição natural de quem se antecipa aos demais
Proatividade	Característica de quem se habilita a identificar ou resolver os problemas por iniciativa própria
Honestidade	Ser verdadeiro consigo e com os demais
Sigilo	É a capacidade individual de não revelar aquilo que lhe foi confiado em sigilo
Prudência	Característica ou particularidade da pessoa que se comporta e age com precaução, sensatez, paciência, ponderação e calma
Perseverança	A perseverança é uma qualidade daquele que não desiste diante das dificuldades
Imparcialidade	Capacidade de tomar decisões com base em suas próprias convicções, sem ser influenciado por atos ou ideias de terceiros

3.3.2 Procedimentos de segurança

3.3.2.1 Confidencialidade

Confidencialidade é garantir que as informações estejam disponibilizadas apenas às pessoas autorizadas.

A divulgação de informações confidenciais (não autorizadas) sobre produtos, serviços e pessoas é considerada uma falta grave e passível de punição, inclusive demissão, além de ação civil indenizatória e criminal de acordo com a gravidade, repercussão e prejuízos causados.

3.3.2.2 Relacionamento

O relacionamento é uma habilidade que reúne alguns fatores do indivíduo no que tange a sua autoconfiança, forma de comunicação, empatia. Também diz respeito à forma com transmitimos segurança, respeito e ética.

O administrador deve possuir essas habilidades e ser capaz de identificá-las na sua equipe desde sua formação, gerando ambientes de cooperação, contribuição e de resultados.

 Fique de olho

Foram apresentados os conceitos de moral, ética e a importância de agir de acordo com as normas e procedimentos legais e corporativos.

3.4 Meios de produção e trabalho

A evolução dos meios de produção e de suas características desde a Primeira Revolução Industrial foram assombrosas. Passamos dos meios de produção artesanal, pelas máquinas a vapor, pela combustão, desenvolvemos os meios de comunicação por linhas energizadas e a comunicação por radiofrequência, evoluímos do telegrafo, ao teletipo, ao fax e à internet.

A evolução da indústria e dos meios de produção e de trabalho é uma constante, não representa mais o futuro, pois já está presente em um significativo número e empresas.

A dinâmica dessa evolução técnico-científica se faz presente em nosso dia a dia e é necessária para conhecermos e a compreendermos de forma a facilitar a identificação dos tipos e exemplos de materiais e recursos que temos disponíveis para melhoria dos meios produtivos.

3.4.1 Características, finalidades e operação

Substituir o homem nos processos operacionais e de transformação, com muita eficiência e produtividade, já é uma realidade e uma tendência cada vez maior nas indústrias, porém, da mesma forma que no passado ocorreu o desaparecimento de algumas funções, deverão ser compensadas com novas que surgirão para atender às novas demandas do mercado.

Máquinas, ferramentas e utensílios utilizados para os sistemas de produção de precisão e de movimentos contínuos estão robotizados e não necessitam mais da intervenção humana em sua execução, mas de pessoas com alta capacidade técnica para programá-los e integrá-los a redes e sistemas eficientes de forma a se obter mais produtividade e qualidade no trabalho.

Na área da administração, podemos citar alguns equipamentos que se fazem presentes na maioria dos escritórios e sem os quais muitas das rotinas administrativas deixariam de ser realizadas com a qualidade e excelência peculiares ao administrador, ou seriam feitas em prazos que podem resultar inexequíveis dentro da competitividade que o mercado exige.

3.4.2 Equipamentos de Informática

3.4.2.1 Computadores

Os computadores são equipamentos eletrônicos que permitem processar dados. O termo provém do latim *computare*, que significa "calcular".

A capacidade de processamento de um computador evoluiu significativamente nos últimos 25 anos de forma que um *smartphone* possui mais de mil vezes a capacidade de processamento de um computador pessoal em 1992.

3.4.2.2 Microcomputador

Conhecido como computador pessoal ou, ainda, computador doméstico, *desktop* (de mesa) ou *notebook* (formato de caderno).

Figura 3.2 – Exemplos de computadores pessoais.

3.4.2.3 Mainframe

Trata-se de um computador de grande porte em tamanho e mais poderoso. Sua função é receber, processar e distribuir informações de uma ou mais organizações. Recebem também a denominação comercial de servidores, nome que reflete, na verdade, a sua função e não sua capacidade.

Figura 3.3 – Exemplo de *mainframe*.

3.4.2.4 Supercomputador

Super em dimensões e na capacidade de processamento, em alguns casos, efetuam cálculos que levariam 100 anos para serem calculados em um microcomputador.

Figura 3.4 – Exemplo de supercomputador.

3.4.2.5 Fotocopiadoras, impressoras e escâneres

Originalmente, as fotocopiadoras eram os dispositivos analógicos utilizados para reprodução de documentos através da tecnologia de eletrofotografia ou xerografia; eram utilizadas lentes para a captura de imagem para a sua revelação, gerando um documento que era chamado de fotocópia ou xerocópia. Com a tecnologia digital passou-se a usar CCDs (Charge Coupled Devices – dispositivos acoplados de carga) para a captura de imagem, e motores laser para a gravação da imagem. Hoje elas são todas digitais, podendo também ter multifunções para cópia, impressão, fax ou escâneres.

Figura 3.5 – Exemplo de fotocopiadora, impressora e escâner (multifuncional).

3.4.2.6 Escâneres 3D

O processo de captura de imagens evoluiu para os escâneres em 3D que utilizam a leitura e o mapeamento a laser de objetos que programas fazem a leitura e transformação desses dados em desenhos em 3D, permitindo a reprodução dos objetos em tempo recorde.

Esses equipamentos são amplamente utilizados para fabricação de próteses humanas e na indústria automobilística.

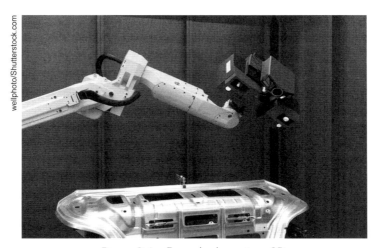

Figura 3.6 – **Exemplo de escâner 3D.**

3.4.2.7 Impressoras 3D

As impressoras 3D são capazes de criar objetos por impressão, camada sobre camada, a partir de um projeto ou desenho digital elaborado na plataforma 3D. Essa tecnologia está em franco desenvolvimento, e a criação de novos materiais para utilização nos processos de impressão permitirão cada vez mais sua utilização na indústria, substituindo outros meios. Atualmente, essas impressoras já são utilizadas para fabricação de implantes médicos e prototipagens de veículos e peças.

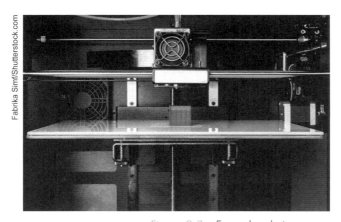 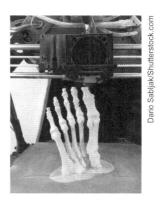

Figura 3.7 – **Exemplos de impressoras 3D.**

3.4.2.8 Projetores

Um projetor é um equipamento provido de uma lente e conectado a um computador ou *pendrive* é capaz de fornecer imagens reais ampliadas, que podem ser uma apresentação eletrônica, filme ou fotos digitalizadas.

Figura 3.8 – **Exemplo de projetor.**

3.5 Recursos consumíveis

Recursos consumíveis são materiais e suprimentos destinados ao uso geral e que não são aplicados no processo de produção. São utilizados nos serviços administrativos ou de apoio à produção.

Entre esses materiais estão papel, *tonner*, tinta de impressão, cadernos, blocos, clipes de papel, lápis, canetas etc.

Assim como quaisquer outros recursos, os recursos consumíveis representam valores investidos pela empresa em materiais e, como todo e qualquer custo, devem ser controlados e otimizados.

Esses materiais chegam a representar até 25% das despesas operacionais das empresas, o que torna esses valores representativos, influenciando o preço final dos produtos e serviços.

3.5.1 Otimização e racionalização de recursos

Cabe gerenciar com parcimônia a distribuição e a utilização desses recursos, que devem ser destinados exclusivamente às atividades relacionadas à empresa e que não devem ser desviados para outras atividades e finalidades não relacionadas ao seu destino específico, principalmente para o uso particular.

Esses materiais têm uma representatividade expressiva (aproximadamente 25%) das despesas das empresas, e esses valores oneram o preço final dos produtos e serviços.

Organização da Empresa 97

Figura 3.9 – Exemplos de recursos consumíveis.

3.6 Máquinas e equipamentos industriais

Na indústria, as máquinas e equipamentos de produção também são denominados bens de capital, pois são responsáveis pela produção de outros bens. A inovação tecnológica pela qual esses bens estão passando influenciam diretamente na qualidade, competitividade e sobrevivência das empresas.

Figura 3.10 – Exemplos de motores, bombas, compressores e transmissores.

Figura 3.11 – Exemplos de tratores e equipamentos para agropecuária.

98 Gestão de negócios – Planejamento e organização para indústria

 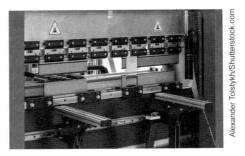

Figura 3.12 – Exemplos de máquinas e ferramentas.

Figura 3.13 – Máquinas e equipamentos de mineração e construção.

Figura 3.14 – Máquinas e equipamentos de uso industrial específico.

> **Fique de olho**
>
> Nos itens anteriores, pudemos identificar os recursos utilizados nas empresas em suas diversas áreas e a importância de uma boa administração desses recursos, de forma a reduzir ao máximo o impacto nos custos administrativos e de produção.

3.7 Ferramentas da qualidade

Os programas de qualidade nos permitem desenvolver maior controle sobre os processos das empresas e servem como facilitadores durante os processos melhorias continua.

3.7.1 *Kaizen* (fazer melhor)

Esta filosofia de melhoria contínua (*kaizen*) é empregada tanto na vida profissional quanto na vida pessoal do povo japonês e começou a ser aplicada nas empresas a partir da metade do século XX.

Para a filosofia *kaizen*, alguma melhoria deve ser implementada diariamente, seja ela na área produtiva, em projetos, setores administrativos ou RH: a filosofia se aplica à empresa como um todo. "Hoje melhor do que ontem, amanhã melhor do que hoje."

Essas melhorias, passo a passo, visam o aperfeiçoamento das pessoas e dos processos dentro da organização, tendo como objetivo reduzir ou até eliminar-se o desperdício. A filosofia *kaizen* traz como resultados a redução dos custos e dos tempos, além do aumento da produtividade. Essas melhorias geram como resultado um melhor desempenho nos resultados das empresas.

Figura 3.15 – Ideograma de *kaizen* (fazer melhor).

A filosofia *kaizen* lista aspectos que são usados como mandamentos dentro da empresa. Esses aspectos incluem:

- O aprendizado deve ocorrer na prática.
- Eliminar todo o desperdício.
- Todos na empresa, sem exceção, devem se envolver nos processos de melhoria.
- A filosofia pode ser aplicada a qualquer local ou empresa, em qualquer lugar do mundo.
- A melhoria deve ser temporal e gradual, e não uma mudança imediatista.
- O aumento da produtividade não deve ser o resultado de altos investimentos financeiros.
- Total transparência no processo, divulgando à empresa as melhorias obtidas até aquele momento.
- Foco no local em que se criam valores, ou seja, no chão de fábrica, no caso de uma indústria.
- Os esforços devem ser orientados aos processos, ou seja, o objetivo da filosofia *kaizen* é a melhoria dos processos.
- A melhoria só ocorre através da consciência e evolução das pessoas. O trabalho das pessoas deve ser orientado ao trabalho em equipe e à qualidade, valorizando a sabedoria, a elevação da moral, as sugestões do grupo e também individuais.

3.7.2 *Housekeeping*

Housekeeping (conservação da casa) é uma das técnicas utilizadas no *kaizen* que consiste em tratar seu ambiente de trabalho como se fosse sua casa, transformando-o através da eliminação dos desperdícios, limpeza e arrumação.

O processo de *housekeeping* atua:

- na moral dos funcionários, através do envolvimento e contribuição de todos;

- no ambiente do trabalho, pois a organização e limpeza dos ambientes de trabalho também possui efeito moral;

- na redução de acidentes, tendo-se em vista que, em um ambiente organizado, o número de condições inseguras que podem resultar em acidentes torna-se cada vez menor;

- na identificação de erros por observação, ou seja, os processos são observados, corrigidos e otimizados pelos próprios funcionários;

- na redução de custos que ocorre com a otimização e correção dos processos. Esta otimização e correção traz como consequência imediata a redução de custos, pois se evitam os desperdícios e perdas nos processos;

- no aumento de produtividade, pois a correção das metodologias de trabalho sempre resulta em um aumento significativo de produtividade. Isso se dá não somente pela revisão dos processos, mas também pelos efeitos motivacionais que a organização e a limpeza dos ambientes causam nos funcionários.

3.7.3 Programa 5S

O programa 5S também foi desenvolvido nas indústrias japonesas na metade do século XX, de forma a proporcionar maior competitividade à indústria e aos produtos japoneses frente aos produtos estadunidenses e europeus, como uma das bases do *kaizen*.

Quadro 3.4 – 5S

Operacionais	*Seiri* = organização	Arrumação Organização Seleção
	Seiton = arrumação	Sistematização Classificação
	Seiso = limpeza	Zelo
Comportamentais	*Seiketsu* = asseio	Higiene Saúde Integridade
	Shitsuke = autodisciplina	Educação Compromisso

Este programa possui como princípios mudanças operacionais e comportamentais nas empresas e tem como objetivo criar um ambiente de trabalho adequado, focando em uma maior produtividade.

A mudança comportamental está ligada ao desenvolvimento de costumes através da repetitividade de execução, porém essa repetitividade sozinha não garante qualidade se não for pela a existência de padrões de avaliações contínuas de melhorias.

Estes conceitos fazem parte da filosofia TPS – Toyota Production System (ou Sistema Toyota de Produção):

- Organização para obter maior agilidade e produtividade.
- Manter no ambiente somente os materiais necessários.
- Todos os materiais e ferramentas devem estar nos locais corretos.
- Otimizar o uso desses materiais, evitando desperdícios.
- Tudo deve estar ao alcance das mãos, garantindo maior agilidade nos processos.
- Todos os processos podem e devem ser melhorados continuamente.
- A organização e limpeza dos ambientes de trabalho evitam acidentes.
- Melhoria da satisfação dos funcionários em um ambiente sadio.

3.7.4 Ciclo PDCA

Em 1930, Walter Shewhart criou uma ferramenta para gestão da qualidade denominada Ciclo PDCA. Porém, somente na metade do século XX, quando ocorreu o aparecimento da filosofia *kaizen*, William Edwards Deming aplicou e tornou o conceito conhecido.

O Ciclo PDCA, como a palavra "ciclo" sugere, é uma ferramenta de análise e melhoria contínua dos processos, ou seja, não sofre interrupções, identificando problemas, suas causas e implementando soluções. PDCA são as iniciais de quatro palavras em inglês que indicam cada uma das etapas desse ciclo:

*P*lan ou plano

O planejamento é a diretriz da empresa, porém, durante a execução dos processos, podemos identificar pontos que necessitam de melhoria e, a partir dessas observações, identificar os possíveis problemas e traçar ações corretivas.

*D*o ou execução

Significa colocar em prática o plano elaborado de forma rigorosa, observando e analisando as alterações e efeitos no processo.

*C*heck ou checagem

Trata-se da verificação e análise dos efeitos na execução do processo e posterior comparação com os resultados obtidos.

Act ou ação

A aplicação das novas definições em definitivo no processo. A partir deste ponto, o ciclo deve ser reiniciado, com novo plano.

Percebe-se então que é realmente um ciclo, pois, uma vez que se completam as quatro etapas, a quinta etapa é o reinício do processo. Assim, o ciclo PDCA é um processo contínuo de busca de melhoria.

Figura 3.16 – Ciclo PDCA.

3.7.5 Diagrama de Pareto

O diagrama de Pareto utiliza formas gráficas para demonstrar quais são os itens responsáveis pelos erros ou problemas em um ou mais processos, permitindo a concentração de esforços sobre os pontos a serem corrigidos.

Utilizando valores quantitativos de problemas relacionados a um sistema produtivo específico podemos classificar esses problemas e demonstrá-los em forma gráfica. Assim, essas ocorrências podem ser analisadas e corrigidas a partir da identificação dos problemas de maior incidência e/ou de maior importância nos processos.

No diagrama de Pareto são inseridas as descrições ou títulos das ocorrências observadas (no eixo horizontal), e as barras verticais representam a quantificação de cada uma delas. Ao ser gerado o gráfico, pode-se identificar visualmente aquelas ocorrências que caracterizam os maiores volumes de problemas e que precisam ser priorizadas.

Atualmente, para desenvolver os diagramas, normalmente utilizamos programas de planilhas de dados, como o Microsoft Excel ou similares, nos quais listamos os dados ou as informações que desejamos quantificar, bem como as quantidades correspondentes.

Organização da Empresa 103

Exemplo:

Vamos quantificar as perdas em um processo de fabricação e usinagem de um lote de 1.000 peças.

Neste exemplo, podemos visualizar em volume e percentualmente todo o volume processado, bem como seus índices de acertos e falhas.

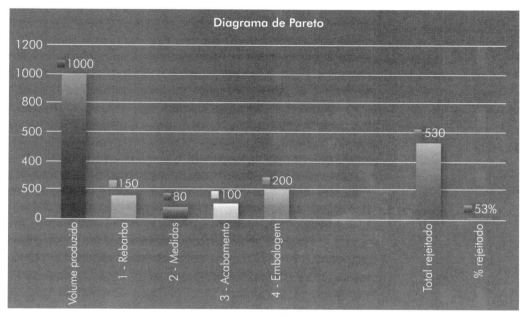

Figura 3.17 – Exemplo de diagrama de Pareto.

Fonte: Elaborado pelo autor.

 Observação

O volume exagerado apontado no exemplo serve apenas para destacar os volumes em gráfico, pois nenhuma empresa suportaria números tão elevados de erros em processo.

O diagrama de Pareto tornou visualmente mais fácil a identificação dos problemas da organização, bem como suas consequências e impactos nos custos. Podemos utilizar esses dados para analisar também os impactos nos custos de salários e horas extras, reprocessamento, entre outros fatores impactantes.

3.7.6 Diagrama de Ishikawa

Desenvolvido em 1943 por Kaoru Ishikawa, seu aperfeiçoamento dentro do controle de qualidade industrial só se deu quando usou o diagrama para explicar como vários fatores poderiam estar relacionados em um único problema de processo. O diagrama de Ishikawa também passou a ser conhecido como diagrama de causa e efeito, diagrama espinha de peixe ou diagrama 6M.

O diagrama de Ishikawa permite categorizar as origens dos problemas e também seus efeitos sobre os produtos.

- Mão de obra: são exemplos dessa categoria a pressa, atos inseguros, a imprudência, procedimentos em desacordo etc.
- Máquina: as causas relacionadas ao maquinário que estava sendo operado.
- Material: as causas relacionadas ao material utilizado na execução da tarefa.
- Medida: as causas que envovlem os instrumentos de medida, a calibração destes, a análise adequada, no caso de variações de resultado, aferição etc.
- Meio ambiente: as causas relacionadas ao meio ambiente, como poluição, temperatura etc., e o ambiente de trabalho, entre estas o espaço adequado, falhas no correto dimensionamento dos equipamentos etc.
- Método: as causas que digam respeito ao método utilizado para a execução da tarefa ou trabalho.

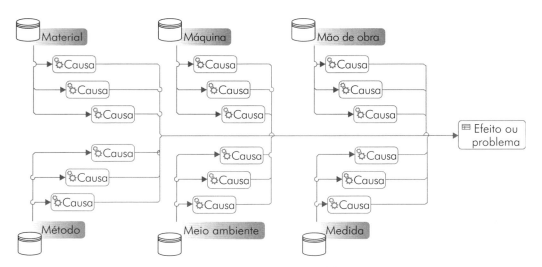

Figura 3.18 – Diagrama de Ishikawa.

Fonte: Elaborado pelo autor.

As aplicações do diagrama de Ishikawa são adequadas quando:

- necessitamos relacionar todas as causas existentes, prováveis ou possíveis de um problema;
- visualizar a relação entre a causa e o efeito delas decorrentes;
- identificar as causas dos problemas, como atrasos, defeitos, perdas, quebras etc.

A partir dessa identificação, podemos efetuar as correções e melhorar os processos.

3.7.7 5W2H

Trata-se de uma ferramenta para auxiliar no desenvolvimento e elaboração de *brainstorming*, diagramas, fluxogramas, organogramas, entre outras ferramentas de administração da qualidade, organização e planejamento.

As perguntas elaboradas na ferramenta servem como um *checklist* que permite ao colaborador visualizar com clareza e objetividade as atividades a serem desenvolvidas na empresa.

O nome da ferramenta 5W2H advém das iniciais das perguntas a que se referem, em inglês:

- What? – O quê?
- When? – Quando?
- Where? – Onde?
- Why? – Por quê?
- Who? – Quem?
- How? – Como?
- How much? – Quanto custa?

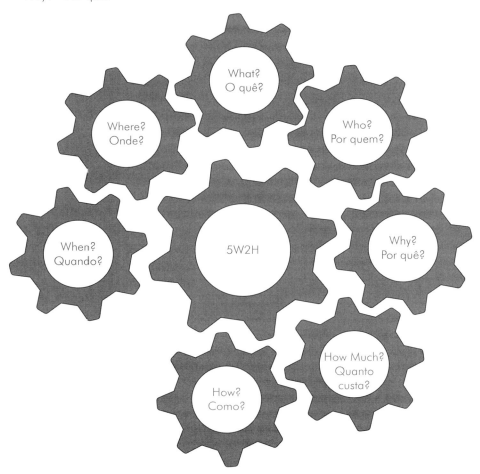

Figura 3.19 – **Diagrama 5W2H**.

Fonte: Elaborado pelo autor.

Pode-se verificar se uma atividade não foi bem detalhada caso uma dessas perguntas não esteja respondida. Quando todas as perguntas estão respondidas, sabemos que todos os aspectos do projeto foram analisados, o que reduz os riscos em sua execução.

3.7.8 Brainstorming

A "tempestade de ideias" é uma expressão inglesa formada pela junção das palavras *brain*, que significa "cérebro, intelecto", e *storm*, que significa tempestade.

O *brainstorming* parte do conceito de reunir um grupo de pessoas com interesses comuns ou cuja opinião nos interessem e propor um debate sobre determinado assunto ou tema. Os conhecimentos, experiências e ideias dos participantes são utilizados de forma a levantar a maior variedade de opções possíveis.

Essa técnica permite aos mediadores conhecerem ideias inovadoras que nos direcionem a um determinado caminho ou solução necessárias a um projeto.

Para o sucesso de uma reunião de *brainstorming*, devemos seguir algumas regras e conceitos básicos, que são:

- Nenhuma ideia é descartada de início.
- Nenhuma ideia é absurda.
- Quanto maior o número de ideias, melhor.
- Todos devem ter sua chance de apresentar suas ideias.
- Debates e críticas devem ser evitados e realizados apenas em momentos oportunos e controlados.
- As combinações e ideias modificadas devem ser apresentadas a todos.

A reunião não necessita ser encerrada com conceitos fechados, as ideias apresentadas devem ser revistas e reavaliadas, podendo ser aproveitadas e/ou descartadas após uma ou várias avaliações e discussões da equipe gestora.

As reuniões de *brainstorming* funcionam também como ferramenta motivacional e de avaliação de comprometimento das equipes de trabalho.

3.7.9 Fluxograma

O fluxograma é muito utilizado nas organizações para a produção de produtos, serviços, informações e processos, e, através de símbolos e gráficos, demonstram de forma descomplicada e lógica a transição de processos, decisões e informações, entre os elementos.

Hoje, os fluxogramas são elaborados em softwares modeladores BPMN – Business Process Modeling Notation (representação e modelagem de processos de negócio), os quais permitem que o trabalho seja realizado em equipe de forma integrada.

A grande vantagem dos sistemas BPMN é a interação em tempo real através da internet e serviços de nuvem entre os times de planejamento e execução, permitindo maior interação e tornando possível verificar erros e inconsistências nos modelos elaborados dentro do próprio software, o que torna os processos mais ágeis e eficientes.

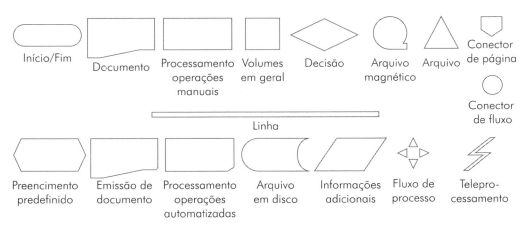

Figura 3.20 – Exemplo de gabarito padrão para fluxogramas (seus símbolos são denominados figuras de notação).

Exemplo:

Descrever o início de um processo de produção de um produto.

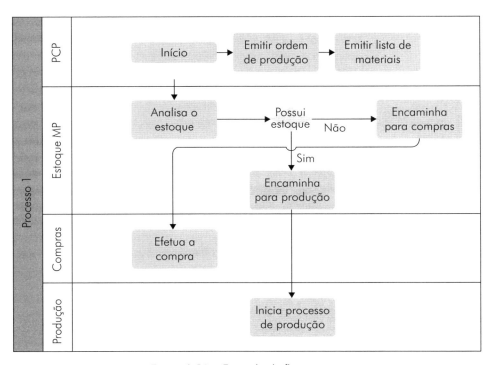

Figura 3.21 – Exemplo de fluxograma.

Fonte: Elaborado pelo autor.

3.7.10 Técnica GUT

A técnica GUT foi desenvolvida por especialistas em resolução de questões organizacionais e tem como finalidade a tomada de decisão lógica por parte do administrador através da identificação visual das prioridades dos problemas e sua relevância.

Através da técnica GUT podemos escalonar os problemas identificados, atribuindo valores e prioridades numéricas que nos permitem determinar de forma lógica a relevância entre gravidade, urgência e tendência dos fatores, de forma que o administrador possa efetuar sua correção a partir das prioridades identificadas de cima para baixo.

Quadro 3.5 – Prioridades GUT

PRIORIDADE = G × U × T		
G	GRAVIDADE	Fator de impacto: podendo ser produtivo, material, financeiro ou qualquer outro, dependendo dos objetivos da organização. A pontuação a ser atribuída a cada aspecto pode ser: 1 = sem gravidade 2 = pouco grave 3 = grave 4 = muito grave 5 = extremamente grave
U	URGÊNCIA	Fator tempo: o fator tempo pode ou não influenciar o problema, agravando ou se tornando até mesmo irrelevante. A pontuação a ser atribuída a cada aspecto pode ser: 1 = Solução a longo prazo 2 = Solução a médio prazo 3 = Solução rápida 4 = Solução urgente 5 = Solução imediata
T	TENDÊNCIA	Fator de tendência: possibilidade de evolução dos problemas identificados (aumento ou diminuição) se nenhuma ação for tomada. A pontuação a ser atribuída a cada aspecto pode ser: 1 = Estabilizada 2 = Agravar a longo prazo 3 = Agravar 4 = Agravar em pouco tempo 5 = Agravar rapidamente

A partir desta grade de opções, são dadas as pontuações para cada questão organizacional na empresa. O resultado é a multiplicação das três pontuações. O problema a ser tratado primeiramente será o que apresentar a maior pontuação.

Fique de olho

Conhecemos as várias técnicas e processos de qualidade utilizados nas organizações que nos permitem analisar processos, de forma a aperfeiçoar continuamente seus produtos e serviços.

3.8 Saúde e segurança do trabalho

Figura 3.22 – Exemplos de avisos de segurança no ambiente de trabalho.

Em um mercado competitivo em que as empresas necessitam inovar diariamente, uma das formas do aumento da competitividade é a redução de custos, e a ausência ou minimização daqueles custos que não estão associados à produção é uma das formas de redução dos custos globais da empresa.

O trabalho com foco em saúde e a segurança dos funcionários é uma das formas mais inteligentes de se reduzir esses custos não associados à produção, pois, ao se prevenir acidentes ou doenças, evita-se os custos associados a tais ocorrências.

Esses custos podem ser altos, pois incluem o tempo de parada da produção por ocasião do acidente, custos pela ausência do profissional, incluindo a contratação de profissional para cobrir a ausência do que foi afastado, possíveis custos, no caso de dano ao maquinário usado na produção, entre outros.

3.8.1 Segurança do trabalho

Trata-se do conjunto das ações e medidas preventivas, de caráter técnico, administrativo, educativo, estrutural, organizacional, ambiental etc., adotadas pelas empresas em seus processos de trabalho e que tem como finalidade prevenir acidentes e doenças relacionadas ao trabalho.

3.8.2 Acidentes de trabalho

A palavra "acidente" tem origem no termo em latim, *accĭdens*. Um acidente é uma ocorrência inesperada, infeliz, inoportuna e não intencional que causa danos às pessoas, bem como prejuízos financeiros ao patrimônio e econômicos.

3.8.2.1 Conceito e caracterização de acidente de trabalho

> Acidente do trabalho é o que ocorre pelo exercício do trabalho a serviço da empresa, com o segurado empregado, trabalhador avulso, médico residente, bem como com o segurado especial, no exercício de suas atividades, provocando lesão corporal ou perturbação funcional que cause a morte, a perda ou redução temporária ou permanente da capacidade para o trabalho. (BRASIL, 1991)

3.8.2.2 Tipos de acidente de trabalho

Os acidentes de trabalho são tipificados e classificados de forma a auxiliar as empresas em seus estudos e correções de processos na busca por melhorias contínuas. São eles:

Típico

Este é o tipo de acidente mais comum, que acontece dentro da empresa durante o horário de expediente e dentro das atividades do funcionário.

De trajeto

Acontece durante o trajeto do trabalhador de sua casa até o local de trabalho, tanto no início ou final do expediente, quanto no horário de almoço.

Atípico (ou doença do trabalho)

São os acidentes que acontecem dentro ou fora da empresa, em virtude do exercício do trabalho. A lei assemelha estes aos acidentes de trabalho típicos.

3.8.3 Agentes agressores à saúde – NR-09

A implantação do Programa de Prevenção de Riscos Ambientais (PPRA), para atender à NR-09, tem como objetivo a prevenção de acidentes que possam vir a causar danos à saúde e à integridade física do trabalhador, identificando os ambientes, os agentes ou fatores de riscos, de forma a criar uma consciência coletiva através do fornecimento de EPIs, correções de posturas e controle dos riscos.

Esta Norma Regulamentadora – NR estabelece a obrigatoriedade da elaboração e implementação, por parte de todos os empregadores e instituições que admitam trabalhadores como empregados, do Programa de Prevenção de Riscos Ambientais – PPRA, visando à preservação da saúde e da integridade dos trabalhadores, através da antecipação, reconhecimento, avaliação e consequente controle da ocorrência de riscos ambientais existentes ou que venham a existir no ambiente de trabalho, tendo em consideração a proteção do meio ambiente e dos recursos naturais (NR9). (DOU, Portaria SSST n.º 25, de 29 de dezembro de 1994).

3.8.3.1 Objetivos da NR-09

- Desenvolver a consciência coletiva entre empregados e empregadores.
- Demonstrar as vantagens da prevenção.
- Eliminar improvisações.
- Identificar os fatores e agentes de riscos existentes no ambiente.
- Oferecer treinamento e orientação aos trabalhadores quanto aos riscos existentes.

Visando a efetividade e abrangência do Programa de Prevenção de Riscos Ambientais, este inclui as seguintes etapas:

- Identificação os fatores de riscos existentes no ambiente.
- Avaliar e controlar os riscos existentes.
- Implantar medidas de controle adequadas, bem como promover a sua avaliação.
- Monitoramento da exposição do trabalhador.
- Registros e divulgação dos dados.

3.8.3.2 Metodologia

Os riscos ambientais tratados no PPRA são apresentados a seguir:

Riscos físicos

Ocorrem quando existe a exposição do trabalhador a qualquer equipamento existente nos ambientes de trabalho que possa vir a causar qualquer tipo de acidente:

- Exposição a ruído e vibrações.
- Exposição a variações de pressões anormais em relação à pressão atmosférica.
- Exposição a variações de temperaturas extremas (altas e baixas).
- Exposição a radiações ionizantes e radiações não ionizantes.

Riscos químicos

Ocorrem durante exposição do trabalhador ou manipulação e processamento de matérias-primas, ou, ainda, em locais que contenham essas substâncias:

- Exposição a poeiras e fumos.
- Exposição a gases e vapores.
- Exposição a névoas e neblinas.

Riscos biológicos

Ocorrem quando o trabalhador manipula, transforma e modifica produtos originários de seres vivos microscópicos. Podemos destacar os seguintes:

- Exposição a bacilos.
- Exposição a parasitas.
- Exposição a bactérias.
- Exposição a protozoários.
- Exposição a fungos.
- Exposição a vírus e outros.

A existência do Programa de Prevenção de Riscos Ambientais deve ser amplamente divulgada aos funcionários para que estes possam atuar de forma proativa em todas as situações.

3.8.4 Equipamentos de proteção individual e coletiva (NR-06)

Os equipamentos de proteção individual (EPIs) são destinados aos trabalhos que em suas atividades estiverem expostos a riscos à saúde e à sua integridade física. Esses equipamentos são de fornecimento obrigatório, gratuito e devem ser adequados ao tipo de risco a que o trabalhador esteja exposto.

Figura 3.23 – **Exemplos de EPIs.**

Os equipamentos de proteção individuais são específicos para:

- **Proteção para cabeça:** capacetes e capuzes.
- **Proteção para os olhos e a face:** óculos e máscaras.

Organização da Empresa   113

- Proteção auditiva: protetores auriculares e abafadores.

- Proteção respiratória: respiradores e máscaras.

- Proteção para o tronco: coletes.

- Proteção para os membros **superiores**: luvas e braçadeiras.

- Proteção para os membros **inferiores**: botas, calças etc.

Os equipamentcs de proteção coletiva (EPCs) são equipamentos fixos ou móveis, instalados no ambiente de trabalho, de forma a proteger todo o quadro de funcionários e de terceiros presentes na empresa. São exemplos de EPCs:

- Placas de sinalização.
- Cones.
- Grades.
- Dispositivos de bloqueio.

- Barreiras contra luminosidade.
- Barreiras contra radiação.
- Exaustores.
- Corrimãos etc.

3.8.4.1 Comportamento seguro

O comportamento seguro está relacionado com a conscientização individual e coletiva, a dedicação em tempo integral para com os cuidados, bem como as consequências das inobservâncias às normas de segurança.

O comprometimento do empregador e seus colaboradores, os cuidados com o ambiente de trabalho por parte do empregador e do empregado garantem as condições seguras de trabalho e minimizam os riscos de acidentes. Inclui observar as práticas seguras e as instruções de segurança, de acordo com as normas da empresa.

3.8.4.2 Atos inseguros

Atos inseguros são ações que podem levar a acidentes. Não são o acidente em si, e sim ações que propiciam ou que podem colaborar para que ocorra um acidente.

Os atos inseguros são, em sua maioria, causados por:

- imprudência:
- excesso de confiança;
- não utilização de equipamentos de segurança;
- exposição em demasia de partes do corpo;
- manutenção em máquinas em operação;
- uso de atalhos de qualquer tipo ou natureza;
- consumo de álcool ou substâncias ilícitas etc.

3.8.4.3 Condições inseguras

São consideradas condições inseguras situações, configurações ou instalações que podem colaborar para que ocorra um acidente.

Assim como o ato inseguro, a condição insegura não é o acidente em si, mas com sua existência aumenta-se a probabilidade de que o acidente ocorra.

São exemplos de condições inseguras:

- Máquinas ou equipamentos inadequados.
- Mobiliários não ergonômicos.
- Instalações elétricas em mau estado.
- Falta de manutenção em equipamentos.
- Pisos defeituosos ou escorregadios.
- Falta de organização.
- Objetos em locais inapropriados.
- Proteções defeituosas etc.

3.8.5 Qualidade de vida no trabalho

A qualidade de vida no trabalho (QVT) são ações e implantações de melhorias e inovações tecnológicas e de processos no ambiente de trabalho que visam a preservação das pessoas e da qualidade do trabalho na empresa. Para essas ações da empresa, são utilizadas atividades como o desenvolvimento de palestras e treinamentos em que são apresentados diagnósticos e elaborados projetos e campanhas dirigidas aos trabalhadores.

Essas ações se baseiam na premissa de que as pessoas produzem mais e com menos erros quando estão satisfeitas e envolvidas com toda a cadeia de seu trabalho.

Alguns exemplos de ações que a empresa pode fazer são:

- Promoção da saúde dos empregados.
- Integração social entre os empregados.
- Conscientização contra preconceitos e *bullying*.
- Acessibilidade.
- Ergonomia.
- Grupos de apoio a antitabagismo, drogas etc.

3.8.5.1 Cuidados com a saúde

Independentemente das exigências legais, cabe à empresa manter programas de orientação, visando a saúde e o bem-estar de seus funcionários, esclarecendo sobre a importância do uso dos EPIs e EPCs, bem como informando sobre programas adicionais.

Como exemplos de programas adicionais, podemos listar:

- Conservação auditiva.
- Controle de colesterol.
- Orientação alimentar.
- Prevenção oftalmológico-ocupacional.

- Prevenção a Aids e outras DSTs.
- Prevenção ao câncer de mama.
- Prevenção ao câncer de próstata.
- Prevenção a drogas, tabagismo e alcoolismo.
- Prevenção ao estresse e à hipertensão.

3.8.6 Procedimentos de segurança no trabalho

São as normas e os procedimentos operacionais de segurança do trabalho expedidos pelas empresas para orientar departamentos, unidades, órgãos etc., para o cumprimento das legislações e a padronização da execução de serviços.

3.8.6.1 Normas regulamentadoras (NRs)

As normas regulamentadoras – NR, relativas à segurança e medicina do trabalho, são de observância obrigatória pelas empresas privadas e públicas e pelos órgãos públicos da administração direta e indireta, bem como pelos órgãos dos Poderes Legislativo e Judiciário, que possuam empregados regidos pela Consolidação das Leis do Trabalho – CLT. (Portaria SSMT n.º 06, de 9 de março de 1983)

O não cumprimento das disposições legais e regulamentares sobre segurança e medicina do trabalho acarretará ao empregador a aplicação das penalidades previstas na legislação pertinente.

Constitui falta grave a recusa injustificada do empregado em cumprir suas obrigações com a segurança do trabalho.

Os textos das normas regulamentadoras vigentes podem ser consultados em vários sites da internet. As NRs são as seguintes:

- NR-01 – Disposições Gerais.
- NR-02 – Inspeção Prévia.
- NR-03 – Embargo ou Interdição.
- NR-04 – Serviços Especializados em Engenharia de Segurança e em Medicina do Trabalho.
- NR-05 – Comissão Interna de Prevenção de Acidentes (Cipa).
- NR-06 – Equipamentos de Proteção Individual (EPI).
- NR-07 – Programas de Controle Médico de Saúde Ocupacional.
- NR-08 – Edificações.
- NR-09 – Programas de Prevenção de Riscos Ambientais.
- NR-10 – Segurança em Instalações e Serviços em Eletricidade.
- NR-11 – Transporte, Movimentação, Armazenagem e Manuseio de Materiais.
- NR-12 – Segurança no Trabalho em Máquinas e Equipamentos.
- NR-13 – Caldeiras e Vasos de Pressão.

- NR-14 – Fornos.
- NR-15 – Atividades e Operações Insalubres.
- NR-16 – Atividades e Operações Perigosas.
- NR-17 – Ergonomia.
- NR-18 – Condições e Meio Ambiente de Trabalho na Indústria da Construção.
- NR-19 – Explosivos.
- NR-20 – Segurança e Saúde no Trabalho com Inflamáveis e Combustíveis.
- NR-21 – Trabalhos a Céu Aberto.
- NR-22 – Segurança e Saúde Ocupacional na Mineração.
- NR-23 – Proteção Contra Incêndios.
- NR-24 – Condições Sanitárias e de Conforto nos Locais de Trabalho.
- NR-25 – Resíduos Industriais.
- NR-26 – Sinalização de Segurança.
- NR-27 – Registro Profissional do Técnico de Segurança do Trabalho no MTB (Revogada pela Portaria GM n.º 262/2008).
- NR-28 – Fiscalização e Penalidades.
- NR-29 – Norma Regulamentadora de Segurança e Saúde no Trabalho Portuário.
- NR-30 – Norma Regulamentadora de Segurança e Saúde no Trabalho Aquaviário.
- NR-31 – Norma Regulamentadora de Segurança e Saúde no Trabalho na Agricultura, Pecuária Silvicultura, Exploração Florestal e Aquicultura.
- NR-32 – Segurança e Saúde no Trabalho em Serviços de Saúde.
- NR-33 – Norma Regulamentadora de Segurança e Saúde nos Trabalhos em Espaços Confinados.
- NR-34 – Condições e Meio Ambiente de Trabalho na Indústria da Construção e Reparação e Desmonte Naval.
- NR-35 – Trabalho em Altura.
- NR-36 – Empresas de Abate e Processamento de Carnes e Derivados.

> **Dica**
>
> As normas regulamentadoras estão disponíveis para pesquisa no site do Ministério do Trabalho: <www.trabalho.gov.br/seguranca-e-saude-no.../normatizacao/normas-regulamentadoras>. Acesso em: 4 dez. 2017.

3.8.7 Segurança e saúde ocupacional – OHSAS 18001

A OHSAS (*Occupational Health and Safety Assessment Services*; em português, Serviços de Avaliação de Segurança e Saúde Ocupacional) 18001 é uma norma internacional que fornece os requisitos e diretrizes para que as empresas possam desenvolver seus programas e estrutura de gestão na área de saúde e segurança do trabalho, compatível com ISO 9001 e ISO 14001, de forma a integrar gestão de segurança e meio ambiente.

A OHSAS 18001 visa auxiliar a empresa nas seguintes questões:

- Criação de melhores condições de trabalho adequadas à organização.
- Orientação para identificar perigos e definição de controles para gerenciá-los.
- Orientação quanto à redução de acidentes e doenças de trabalho.
- Proporcionar maior engajamento e motivação dos funcionários.
- Avaliação da conformidade para clientes e fornecedores.

3.8.7.1 Aplicações

A OHSAS se aplica a qualquer organização que deseje:

- estabelecer um Sistema de Gestão da Saúde e Segurança Ocupacional (SSO), eliminando ou minimizando riscos aos funcionários;
- implementar um Sistema de Gestão da SSO;
- assegurar conformidade com políticas da SSO definidas;
- demonstrar tal conformidade a terceiros;
- buscar certificação e/ou registro do Sistema de Gestão da SSO, por organização externa;
- realizar uma auto avaliação, emitindo auto declaração de conformidade com esta especificação.

3.8.7.2 Orientações de prevenção de acidentes

Cabe ao empregador identificar, prevenir e treinar seus funcionários sobre os riscos ocupacionais inerentes às atividades desenvolvidas na empresa a que seus funcionários estão sujeitos.

O risco ocupacional pode ser classificado como agente ou situação com potencial para causar danos à saúde ou ferimentos aos funcionários ou a terceiros, ambientais, materiais etc.

3.8.7.3 Mapa de riscos (finalidades)

O mapa de risco é elaborado pela Comissão Interna de Prevenção de Acidentes (Cipa) com a orientação do Serviço Especializado em Engenharia e Segurança e Medicina do Trabalho (SESMT) da empresa e, se necessário, do Departamento de Segurança Patrimonial (DSP) da empresa.

O mapa de riscos é a indicação gráfica dos riscos de acidentes nos diversos locais de trabalho, apontados em uma planta baixa do ambiente de trabalho, afixado em locais acessíveis e de fácil visualização, com a finalidade de informar e orientar todos os empregados e visitantes que adentrem ao ambiente. Não possui validade, devendo ser substituído sempre que houver qualquer alteração no ambiente.

Os ambientes devem ser identificados com círculos com as cores que identificam o tipo de risco ou agente presentes e com os tamanhos que indicam o risco de incidência de acidentes no ambiente.

3.8.7.4 Classificação dos riscos

Por incidência

◯ Risco grande   ◯ Risco médio   ◯ Risco pequeno

Por tipo

Quadro 3.7 – Riscos

Cor azul – indica risco de acidente
Qualquer fator que coloque o trabalhador em situação vulnerável e possa afetar sua integridade e seu bem-estar físico e psíquico. São exemplos de risco de acidente: máquinas e equipamentos sem proteção, probabilidade de incêndio e explosão, arranjo físico inadequado, armazenamento inadequado etc.

Cor verde – indica riscos físicos
Consideram-se agentes de risco físico as diversas formas de energia a que possam estar expostos os trabalhadores, como: ruído, calor, frio, pressão, umidade, radiações ionizantes e não ionizantes, vibração etc.

Cor vermelha – indica riscos químicos
Consideram-se agentes de risco químico as substâncias, compostos ou produtos que possam penetrar no organismo do trabalhador pela via respiratória, nas formas de poeiras, fumos, gases, neblinas, névoas ou vapores, ou que, pela exposição, possam entrar em contato ou serem absorvidos pelo organismo através da pele ou por ingestão.

Cor marrom – indica riscos biológicos
Consideram-se agentes de risco biológico bactérias, vírus, fungos, parasitos, entre outros.

Cor amarela – indica riscos ergonômicos
Qualquer fator que possa interferir nas características psicofisiológicas do trabalhador, causando desconforto ou afetando sua saúde. São exemplos de risco ergonômico: levantamento de peso, ritmo excessivo de trabalho, monotonia, repetitividade, postura inadequada de trabalho etc.

3.8.8 Inspeções de segurança

As inspeções de segurança têm por finalidade verificar o cumprimento das normas e identificar novos fatores de risco; devem ser programadas sem a necessidade de aviso prévio para sua realização.

Inspeções gerais

São verificações, normalmente anuais, efetuadas por engenheiros, técnicos de segurança, médicos, assistentes sociais e membros da Cipa em todos os ambientes da empresa.

Inspeções parciais

Elas podem ser limitadas a áreas específicas, sendo analisados setores predefinidos ou apenas áreas e atividades, máquinas e equipamentos específicos. Normalmente, essas inspeções são decorrentes de medidas corretivas implantadas.

Inspeções de rotina

Estas cabem aos setores de segurança, membros da Cipa, às equipes de manutenção das máquinas, equipamentos e condutores gás e energia elétrica. São de vital importância, pois nessas inspeções é que se identifica o comprometimento da equipe com a segurança. Nessas inspeções, são identificados os riscos que mais se manifestam e são propostas as medidas corretivas e preventivas.

Inspeções periódicas

Dentro do planejamento da empresa, devem ser agendadas inspeções periódicas preventivas em equipamentos que oferecem maior desgaste de seus materiais. Essas inspeções preventivas identificam problemas prováveis e promovem a manutenção dos equipamentos. As inspeções de equipamentos de segurança como extintores e equipamentos de segurança, bem como de equipamentos perigosos, são determinadas e regulamentadas em lei.

Inspeções oficiais

São realizadas por agentes de órgãos oficiais e das companhias de seguro.

Inspeções especiais

Destinam-se a fazer controles técnicos por profissionais especializados e equipamentos de teste e de medição específicos. Os representantes da Cipa devem estar sempre presentes nas inspeções de segurança assimilando conhecimentos sobre as questões de segurança e medicina do trabalho.

3.8.9 Sinalizações de segurança

São formas gráficas de identidade visual que têm por objetivo alertar para as situações de riscos para a segurança. Essas sinalizações podem ser móveis ou fixas e devem estar presentes em todos os ambientes de trabalho, com o objetivo de orientar os trabalhadores e visitantes temporários que estejam no local.

Figura 3.24 – Exemplos de sinalização de segurança.

Os sistemas de sinalização de segurança utilizam vários métodos para indicar perigo e chamar a atenção, podendo ser através de sinais coloridos, sonoros, verbais, gestuais. Empregam-se aquelas que forem mais adequadas ao ambiente, e todas as formas se complementam.

A manutenção e preservação do sistema de sinalização é tão importante quanto a sua existência, não devendo ser coberto ou afetado por outros sinais visuais ou sonoros estranhos à segurança.

Existem várias formas de sinalização:

Sinais coloridos

Desenhos ou luminosos, para assinalar riscos ou dar indicações.

Quadro 3.8 – Formas de sinalização

Forma geométrica	Significado
○	Sinais de obrigação e de proibição
△	Sinais de perigo
▭	Sinais de emergência, de indicação e informações adicionais

Organização da Empresa 121

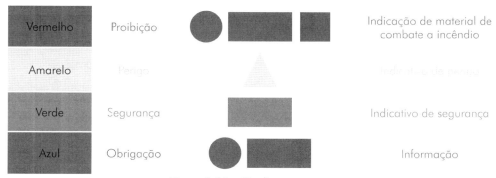

Figura 3.25 – **Sinalização por cores.**

Sinais luminosos

Os sinais luminosos de segurança deverão garantir uma luminosidade indicativa, não excessiva, mas que ao mesmo tempo não seja insuficiente, de forma a cumprir seu objetivo de utilização. A emissão luminosa deverá ser de cor uniforme igual às cores usadas nos sinais coloridos. O sistema de alimentação elétrica dos sinais luminosos obrigatoriamente deverá ser autônomo (baterias).

Sinais acústicos

Utilizados habitualmente para sinalizar situações de risco e emergência ou de evacuação. Podem ser:

- Intermitentes (risco e emergência).
- Contínuos, normalmente associados a situações de evacuação.

3.8.10 Prevenção e combate a incêndio

A prevenção de incêndios é tão ou mais importante quanto saber apagá-los ou saber como agir corretamente no momento em que eles ocorrem.

A existência de uma equipe treinada e preparada para agir nos primeiros sinais de incêndio e outros sinistros de menor vulto pode evitar que um incidente se torne uma tragédia. A falta de tranquilidade e conhecimento para agir com segurança se transformam rapidamente em pânico e em vítimas.

As brigadas de incêndio devem elaborar os procedimentos operacionais, que deverão ser adotados em casos de incidentes, vazamentos de gás, princípios de incêndio, fumaça e alagamentos.

As atuações a serem adotadas para cada caso devem ser descritas detalhadamente, como:

- Pontos de encontro.
- Equipe de evacuação.
- Número de participantes;
- Forma de atuação.
- Forma de verificação da atuação.
- Apoio ao combate.
- Equipe de combate.
- Identificação do incidente e local.

- Forma de atuação.
- Apoio e orientação aos bombeiros, se necessário.
- Equipe de apoio e atendimento.
- Análise da situação:
- Desligamento de elevadores.
- Desligamento de fontes de energia.
- Acionamento dos bombeiros.
- Acionamento de bombas de recalque.
- Apoio a equipes de combate.

O treinamento e as simulações de incidentes são essenciais para a formação das equipes e manutenção dos procedimentos, além da adoção de novas medidas preventivas, tornando as equipes integradas e eficientes.

A existência e vistoria dos equipamentos é necessária e imprescindível, de forma que estejam sempre em perfeito estado de uso e conservação para a prática de combate a incêndios.

3.8.10.1 Importância de Plano de Prevenção Contra Incêndio

O Plano de Prevenção Contra Incêndio (PPCI) é um plano de prevenção contra incêndios, elaborado pelo corpo de bombeiros e obrigatório para qualquer imóvel. Ele também contém todas as alternativas para o combate a incêndios.

O PPCI contempla, identifica e quantifica:

- as saídas necessárias para a retirada de todas as pessoas do local em caso de incêndio;
- os equipamentos necessários para se iniciar o combate ao fogo;
- a equipe necessária treinada no uso desses equipamentos.

3.8.11 Programa de Prevenção de Riscos Ambientais

A elaboração do Programa de Prevenção de Riscos Ambientais (PPRA) por um profissional ou empresa especializada quando é efetuada uma vistoria das instalações da empresa para averiguar eventuais problemas estruturais que venham a existir, permite que a empresa e os trabalhadores, membros da CIPA e brigada, trabalhem em conjunto para identificar situações que exponham o trabalhador a riscos diretamente relacionados ao ambiente de trabalho.

O PPRA visa, acima de tudo, eliminar o risco de doenças ocupacionais e de acidentes de trabalho dentro da empresa. No caso da existência desses riscos, em conjunto com a empresa, são estabelecidas medidas preventivas e/ou corretivas de forma a eliminar e atenuar esses riscos.

De acordo com o item 9.1.1 da NR-09 do Ministério do Trabalho, Portaria n.° 3.214/1978, o PPRA é obrigatório para todas as empresas e/ou instituições que admitam trabalhadores como empregados.

Fique de olho

Foram apresentadas as normas de segurança e saúde do trabalho e a importância de seu conhecimento para o empregado e para o empregador, principalmente no que tange a sua correta aplicação em relação à preservação de vidas e redução de custos para a organização.

Dica

Se desejar complementar seus estudos sobre o tema acesse o site do Ministério do Trabalho: <www.trabalho.gov.br/seguranca-e-saude-no-trabalho>. Acesso em: 4 dez. 2017.

3.9 A empresa e a qualidade ambiental

Considera-se impacto ambiental qualquer alteração das propriedades físicas, químicas e biológicas do meio ambiente, causada por qualquer forma de matéria ou energia resultante das atividades humanas que, direta ou indiretamente, afetam a saúde, a segurança e o bem-estar da população; as atividades sociais e econômicas; a biota; as condições estéticas e sanitárias do meio ambiente e; a qualidade dos recursos ambientais. (Resolução Conama n.º 001/1986 - Publicado no DOU de 17/2/86 – Ministério do Meio Ambiente)

3.9.1 A utilização desmedida do meio ambiente

A evolução humana vem sofrendo uma quantidade de mudanças num ritmo exponencial a partir do advento da Revolução Industrial. Esse processo começou há aproximadamente 200 anos, na Inglaterra, e esse crescimento a taxas cada vez mais altas é uma tendência irreversível.

O primeiro país que conduziu esforços para produzir energia elétrica em larga escala foi a Inglaterra. Para isso, utilizou carvão, matéria-prima com grandes reservas nesse país. Essa capacidade foi o fator impulsionador para os grandes saltos de desenvolvimento tecnológico ocorridos daí em diante.

Figura 3.26 – Embalagens plásticas descartadas inadequadamente.

Dentro de toda a evolução dos últimos 200 anos, um dos grandes desenvolvimentos foi na criação de materiais sintéticos. Hoje, existem milhares de opções de produtos que se acumulam como lixo na natureza, pois esta não é capaz de utilizá-los em seus ciclos de vida. Uma grande quantidade dos mais populares desses produtos levarão muito tempo para se decompor – de dezenas ou centenas de anos –, até aqueles que absolutamente não se decomporão.

O avanço da tecnologia produz não somente o descarte de produtos não recicláveis. Ele também aumentou o acesso dos indivíduos a mais bens de consumo. Se por um lado isso é positivo, pois todos devem ter acessos iguais aos bens e facilidades, por outro lado, o aumento do consumo resultou no aumento do descarte. Ou seja, a quantidade de produtos não recicláveis, ou com ciclo de reciclagem extremamente longo, descartada no meio ambiente teve um crescimento exponencial. Todo esse cenário gera aquilo que se denomina degradação ambiental.

3.9.1.1 Prevenção à poluição ambiental

> Estudos ambientais são todos e quaisquer estudos relativos aos aspectos ambientais relacionados à localização, instalação, operação e ampliação de uma atividade ou empreendimento, apresentado como subsídio para análise da licença requerida, como: relatório ambiental, relatório ambiental preliminar, diagnóstico ambiental, plano de manejo, plano de recuperação de área degradada e análise preliminar de risco. (Resolução Conama nº 237/97)

Todos vivemos inseridos em um meio ambiente. Assim, a maioria de nossas atitudes afeta nosso meio, quer seja positiva ou negativamente. Para analisar o estado do meio ambiente, bem como sua evolução em vista das mudanças, há o estudo do impacto. O respeito ao meio ambiente é uma atitude obrigatória, além de ser um direito dos cidadãos.

> As avaliações de impacto ambiental são estudos realizados para identificar, prever e interpretar, assim como prevenir as consequências ou efeitos ambientais que determinadas ações, planos, programas ou projetos podem causar à saúde, ao bem-estar humano e ao entorno. (PACHECO, 2000)

Para melhor entender a abrangência do texto anterior, é preciso lembrar que são elementos capazes de causar impacto ambiental as mudanças no meio ambiente que aconteçam em decorrência das atividades exercidas por uma empresa, independentemente de serem negativas ou positivas.

3.9.2 Normas e procedimentos ambientais – ISO 14000

As normas de Sistema de Gestão Ambiental (SGA), da série ISO 14000, padronizaram os itens a serem cobertos por auditorias e avaliações focadas no impacto ao meio ambiente causado pelas atividades da empresa, definição de rotulagens em relação aos impactos no meio ambiente e a análise do ciclo de vida dos produtos.

Quando a organização foca na adoção de políticas de gestão ambiental, deve levar em conta os impactos causados por suas ações, prevenindo a degradação do ambiente com a emissão de poluentes e tornando as necessidades sociais econômicas e ambientais um ecossistema adequado às necessidades humanas.

Focar suas atividades com base nas normas de proteção ambiental faz parte dos processos de melhoria contínua de uma organização. Os impactos resultantes das ações empresariais no ambiente podem, ao longo do tempo, representar um significativo ganho econômico e financeiro para as organizações comprometidas com essas premissas e que têm em suas marcas e produtos a referência da qualidade relacionada com a proteção ambiental.

Ou seja, aderindo às normas da série ISO 14000 a empresa está buscando a proteção ambiental enquanto mantém sua presença no mercado de forma economicamente saudável.

A seguir, relacionamos as normas que tratam a série ISO 14000:

ISO 14001   Trata do Sistema de Gestão Ambiental (SGA), sendo direcionada à certificação por terceiras partes.

ISO 14004   Trata do Sistema de Gestão Ambiental, sendo destinada ao uso interno da empresa, ou seja, corresponde ao suporte da gestão ambiental.

ISO 14010   São normas sobre as auditorias ambientais. São elas que asseguram credibilidade a todo processo de certificação ambiental, visando as auditorias de terceiras partes, nas quais se verificam os compromissos estabelecidos pela empresa em seu Sistema de Gestão Ambiental.

ISO 14031   São normas sobre desempenho ambiental, que estabelecem as diretrizes para medição, análise e definição do desempenho ambiental de uma organização, a fim de assegurar o SGA.

ISO 14020   São normas sobre rotulagem ambiental, estabelecendo orientações para a expressão das características ambientais dos produtos das empresas, de forma que os rótulos ressaltem as características ambientais do produto.

ISO 14040   São normas sobre a análise do ciclo de vida, estabelecendo as interações entre as atividades produtivas e o meio ambiente. Analisa o impacto causado pelos produtos, processos e serviços relacionados desde a extração dos recursos naturais até a disposição final.

Guia ISO 64   Corresponde à norma sobre aspectos ambientais nos produtos, destinando-se àqueles que elaboram normas técnicas para produtos. Seu objetivo é orientar o projeto de determinado produto, a fim de que ele seja menos agressivo ao meio ambiente.

3.9.2.1 Política ambiental

A empresa, ao buscar a conformidade com a ISO 14000, deve estabelecer uma política ambiental que inclua:

- atividades buscando adequação à natureza, visando a redução de possíveis impactos ambientais;
- comprometimento com a busca da melhoria contínua de suas atividades e processos;

- prevenir que suas atividades e processos aumentem a poluição do meio ambiente;
- comprometimento com a legislação vigente;
- empresa estruturada visando a definição de metas para a melhoria do meio ambiente que possam se transformar em modelos;
- divulgação da política ambiental ao público;
- divulgação da política ambiental de forma clara a todos os colaboradores.

3.9.3 Aquecimento global

O tema aquecimento global é bastante atual, divulgado e comentado através de várias reuniões e convenções de caráter global, que buscam amenizar ou acabar com este que é um efeito negativo do efeito estufa. Alguns exemplos desses esforços para o controle do efeito estufa são o Protocolo de Kyoto, o Protocolo de Montreal, o Acordo de Kigali, entre outros.

Figura 3.27 – Esquema do processo do efeito estufa.

Protocolo de Kyoto

Tratado finalizado em Kyoto em 1997 que entrou em vigor de 2005. A maioria dos países assinou esse protocolo, mas os Estados Unidos, não. (Fonte: *The Guardian*. Disponível em: <www.theguardian.com/environment/2011/mar/11/kyoto-protocol>. Acesso em: 4 dez. 2017, tradução do autor).

Protocolo de Montreal

Finalizado em 1987, visa proteger a camada de ozônio através da redução da produção e consumo de substâncias maléficas ao ozônio. (Fonte: *U.S. Department of State*, disponível em: <www.state.gov/e/oes/eqt/chemicalpollution/83007.htm>. Acesso em: 4 dez. 2017, tradução do autor).

Protocolo de Kigali

Estabelecido em outubro de 2016 por representantes de 170 países, em reunião ocorrida em Kigali, Ruanda, é um anexo ao Protocolo de Montreal de 1987. Ele acrescenta uma agenda de redução obrigatória para o HFC até seu total banimento. A redução estimada nas emissões de HFC em 2050 equivalerá a 70 bilhões de dióxido de carbono (International Institute of Ammonia Refrigeration. Disponível em: <www.iiar.org/IIAR/WCM/News/2016/October/WCM/IIAR_News/News_Announcements/October_2016/Kigali_Global_Accord>. Acesso em: 4 dez. 2017, tradução do autor.

3.9.4 Descarte de resíduos

Os resíduos podem ser de dois tipos: aqueles que podem voltar a alguma das etapas da produção e serem reprocessados e reutilizados, e aqueles que não servem a nenhuma etapa do processo produtivo e precisam ser descartados.

Figura 3.28 – Exemplo de resíduos metálicos.

A forma mais adequada para se gerenciar os resíduos é entender que estes existem desde o princípio do planejamento da planta, e incluir tanto a minimização da geração de resíduos quanto a destinação dos resíduos que efetivamente forem criados, desde o princípio do processo. Esse pensamento pode ajudar o administrador a reduzir custos e a projetar desde o princípio seu negócio da forma mais otimizada possível.

Aqueles resíduos que, mesmo sob este enfoque forem efetivamente gerados, devem ser destinados de forma apropriada de acordo com legislação específica. As instalações para o tratamento de cada tipo de resíduo (sólido, líquido, gasoso) é específica, conforme mostra a Figura 3.29.

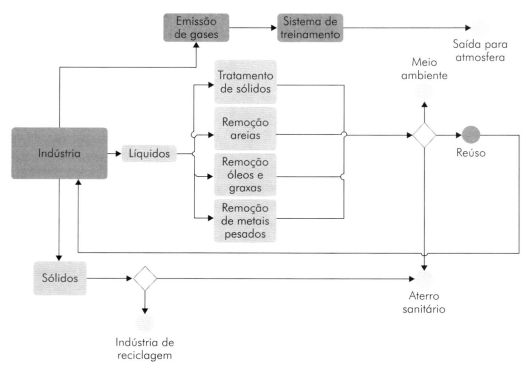

Figura 3.29 – Diagrama genérico de reciclagem de resíduos.

3.9.4.1 Classificação dos resíduos

Os resíduos devem ser sempre adequadamente classificados, pois, dependendo da classificação, pode-se melhor entender as origens, bem como as destinações a serem dadas.

Quanto às características físicas

Os resíduos podem ser secos ou molhados, sendo que, neste caso, as próprias denominações já definem como separar os resíduos.

Quanto à composição química

Os resíduos podem ser classificados como orgânicos ou inorgânicos. Os orgânicos são aqueles de origem animal ou vegetal, alimentos, entre outros; e os inorgânicos são, em sua maioria, produtos industrializados e que não contenham matérias-primas de origem animal ou vegetal, como vidros, borrachas, tecidos, metais, tecidos, isopor, lâmpadas, velas, parafina etc.

Quanto à origem

A classificação de resíduos sob o ponto de vista de origem pode ser dividida em: resíduo domiciliar, comercial, de serviços públicos (incluindo os resíduos da varrição de vias públicas, de podas de árvores etc.), hospitalares (usualmente, esses resíduos devem ser incinerados), de portos, aeroportos, terminais rodoviários e ferroviários (usualmente, resíduos sépticos, que podem conter germes patogênicos), industriais (tipos variados, podendo incluir lixo tóxico), radioativos (necessitam manuseio apenas com equipamentos e técnicas adequados), agrícolas (podem incluir pesticidas e outros produtos tóxicos) e entulho (na maioria das vezes, material inerte que pode ser reciclado e/ou reaproveitado).

3.9.5 Uso racional dos recursos e energias disponíveis

3.9.5.1 Energias renováveis

As energias renováveis são consideradas tecnologias novas, algumas ainda embrionárias; assim, vários dos métodos e processos podem ainda sofrer alterações futuras. O conceito básico por trás das energias renováveis é a utilização, como matéria-prima, de produtos existentes na natureza e que o uso não leva a serem exauridos, por exemplo, sol e vento.

Neste tópico, pretendemos apresentar alguns dos aspectos positivos e negativos dessas novas formas de geração de energia. No entanto, não se pretende esgotar o tema, principalmente tendo em vista a evolução presenciada atualmente.

Apesar de as energias renováveis serem, em tese, inesgotáveis, algumas das limitações dizem respeito à quantidade de energia que pode ser gerada.

Alguns exemplos de formas de geração de energia a partir de fontes renováveis:

- Energia solar.

Figura 3.30 – Painel solar fotovoltaico.

- Energia eólica.

Figura 3.31 – Cata-ventos instalados, em funcionamento.

- Energia ondomotriz (aquela gerada pelas ondas).

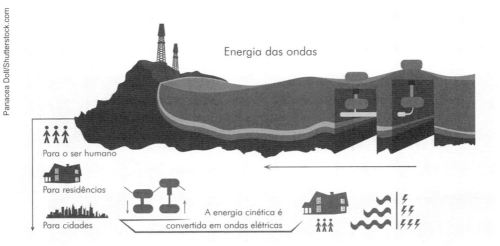

Figura 3.32 – Esquema de geração de energia ondomotriz.

- Energia maremotriz (aquela gerada pelas marés).

Figura 3.33 – Instalação para a geração de energia maremotriz.

- Energia hidráulica.

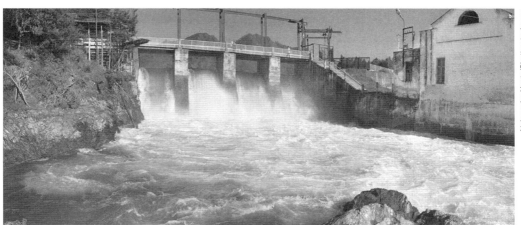

Figura 3.34 – Barragem para geração de energia hidráulica.

- Energia a partir de biomassa (aquela que utiliza matéria orgânica de origem biológica).

Figura 3.35 – Usina para geração de energia a partir de biomassa.

- Energia geotérmica (aquela gerada a partir do calor proveniente do interior da Terra). Aproximadamente 90% das residências na Islândia são aquecidas usando-se energia geotérmica.

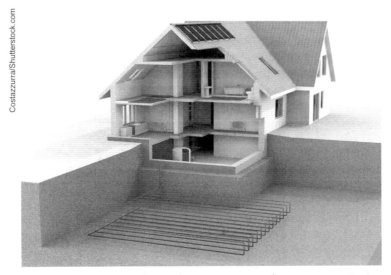

Figura 3.36 – Esquema de instalação para o uso de energia geotérmica.

Vantagens das energias renováveis

As energias renováveis apresentam vantagens inequívocas. Seu uso traz benefícios para o planeta que, neste momento, são necessários, e por que não dizer, imprescindíveis. Entre as inúmeras vantagens, podemos citar:

- Podem ser consideradas inesgotáveis, quando comparadas aos combustíveis fósseis.

- Não produzem outros gases com efeito estufa, reduzindo impactos ambientais.

- Baixos níveis de riscos (em contraposição, por exemplo, à energia nuclear).

- As perspectivas de novas instalações sinalizam para a possibilidade de criação de novos postos de emprego.

- Colaboram para um ar mais limpo.

- Por não dependerem de combustíveis fósseis, que são atualmente controlados por poucas e potentes nações, trazem maior autonomia aos países que utilizarem essas novas fontes de energia.

Desvantagens das energias renováveis

As energias renováveis apresentam algumas desvantagens. No entanto, são, na sua maioria, aspectos contornáveis e/ou negociáveis. Podemos citar as seguintes desvantagens:

- Muitos dos custos associados são ainda elevados.

- No caso de energia a partir de biomassa, o método de combustão não é limpo.

- No caso de energia hidroelétrica, as usinas causam a erosão de solos, impactando neste e na vegetação existente.

- No caso da energia solar, os custos iniciais são muito elevados.

- No caso de energia ondomotriz, a possibilidade de geração está associada a locais bem específicos e os custos são bastante elevados.

- As instalações para geração de energia eólica são bastante caras e a operação dos cata-ventos gera ruído razoavelmente alto.

Fique de olho

Neste capítulo conhecemos os benefícios do planejamento adequado da utilização e descarte dos recursos na natureza, bem como o uso racional de novas energias e da redução da geração de poluentes no meio ambiente.

Dica

Para obter mais informações sobre meio ambiente, você pode acessar o site do Ministério do Meio Ambiente: <www.mma.gov.br>. Acesso em: 4 dez. 2017. Para mais detalhes sobre energias renováveis, consulte o site do Ministério de Minas e Energia: <www.mme.gov.br/>. Acesso em: 4 dez. 2017.

Administração da Produção

"Administração" e "produção" parecem duas palavras opostas quando colocadas juntas: uma de caráter mais analítico (administração); e outra, com conotação puramente técnica (produção). No entanto, trata-se do coração da produção: como planejar e organizar nossa planta, permitindo tirar o máximo em termos de desempenho, buscando otimizar as atividades e energia envolvidas no processo como um todo.

O administrador, como bom estrategista, deve ter uma nova visão de negócios de modo a derrubar as barreiras criadas pela competitividade entre países e profissões e ser capaz de formar parcerias inteligentes estruturadas no poder da Internet das Coisas (IoT).

Neste capítulo vamos verificar como é possível administrar o espaço das atividades produtivas.

4.1 Arranjo físico das instalações

Um projeto bem dimensionado na implantação de uma nova planta faz parte do planejamento estratégico das organizações.

Estabelecer as definições e os critérios do quanto se vai produzir e em quanto tempo são processos que podem ser longos e demorados, podendo levar meses ou até anos, porém não podem ser extremamente demorados para evitar a obsolescência dos processos e equipamentos.

Após a implantação do projeto, os ajustes ou novos arranjos podem ser tomados pelos diretores industriais e gerentes da empresa (nível tático).

Na indústria moderna, essas reestruturações são possíveis através de substituições modulares de máquinas e equipamentos de forma a se adequarem em tempo real às novas necessidades dos produtos e processos. Tratam-se de rearranjos de processos que tornam possíveis aumentos do volume produzido ou readequação das linhas de produtos de acordo com as novas necessidades definidas pelos clientes.

Esses rearranjos só são possíveis com a utilização dos Cyber-Physical System e da IoT, que monitoram os equipamentos e processos através de sensores e indicam as necessidades de alterações a serem efetuadas, permitindo que esses rearranjos possam ser efetuados em horas sem prejuízos nos volumes produzidos em vez de dias ou semanas nos processos convencionais.

A literatura sobre os tipos de estruturas em arranjos físicos de produção descreve os arranjos físicos nos seguintes modelos:

- Produto ou por linha.
- Processo ou funcional.
- Celular.
- Posição fixa.
- Misto.

4.1.1 Arranjo físico por produto ou linha

Neste tipo de arranjo, as máquinas e os equipamentos de produção estão alocados de forma sequencial, com um único fluxo predefinido. O material percorre um caminho estipulado dentro do processo.

Este arranjo permite maior fluidez no processo para produtos, que executam operações de montagem repetitivas e de precisão. As automações desses processos permitem que sensores determinem o posicionamento dos produtos em relação às máquinas e iniciem automaticamente suas tarefas, permitindo alterações em tempo real de métodos e velocidade dos processos.

Os arranjos em linha normalmente sofrem grandes perdas por interrupções em um processo que impacta toda a linha. Nos processos de indústrias inteligentes, essas modificações muitas vezes poderão ser realizadas via programação, evitando-se a interrupção das linhas. Quando essas paradas se tornam obrigatórias, as alterações necessárias podem ser realizadas rapidamente, proporcionando um ganho de produtividade maior do que nos processos convencionais.

Figura 4.1 – Exemplo de arranjo físico por linha automatizada na Indústria 4.0.

A primeira linha de produção foi idealizada por Henry Ford, em 1939; evoluiu em automação e metodologia de processos, sendo ainda muito utilizada pela indústria e também por algumas organizações prestadoras de serviço. Vejamos onde este tipo é encontrado:

Indústrias montadoras

Ainda utilizado pelas montadoras de automóveis, eletrodomésticos, bicicletas, aparelhos eletrônicos, entre outras.

Indústrias alimentícias

As grandes indústrias de alimentos, como massa e chocolates, utilizam esse tipo de linha de produção composta pelo processo de elaboração das massas, passando pelo cozimento nos fornos e, em seguida, pelos processos de embalagem.

Frigoríficos

Produtos de origem animal seguem uma linha de produção do abatimento até o produto final.

O arranjo físico por produto ou em linha pode ter mais de uma configuração. A seguir, vejamos quais são as configurações possíveis para este tipo de arranjo.

4.1.1.1 Arranjo físico em "U"

Figura 4.2 – Exemplo de arranjo físico em "U" automatizado.

Figura 4.3 – Exemplo de arranjo físico em "U" automatizado.

O arranjo em "U" permite uma grande combinação na entrada de materiais e fluxo de trabalho, de acordo com a necessidade ou família de produto, permitindo uma flexibilidade dos equipamentos empregados.

No exemplo apresentado na Figura 4.4, temos uma das possibilidades para uma linha de produção em "U" convencional, com uma entrada de materiais que alimenta duas equipes ao mesmo tempo, gerando duas saídas de produtos.

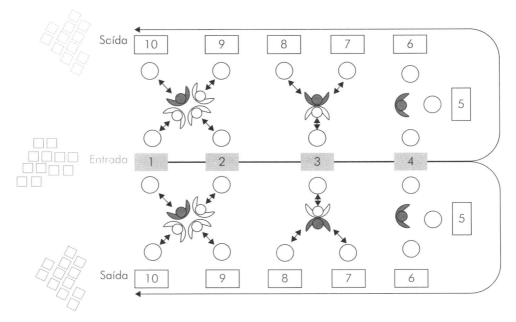

Figura 4.4 – Linha de produção no formato "U" convencional.

4.1.1.2 Arranjo físico "em linha simples ou reta"

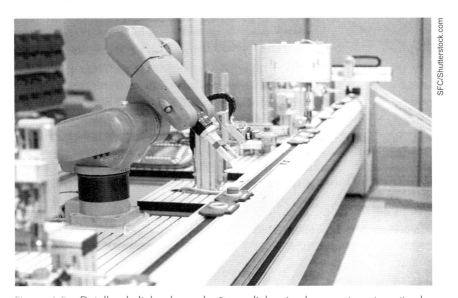

Figura 4.5 – Detalhe de linha de produção em linha simples ou reta automatizada.

O arranjo em linha simples ou reta é muito utilizado na produção de bens com um único tipo de produto ou com nível mais simples de operações. Normalmente, essas linhas necessitavam de constante alteração de posições dos operadores para se evitar o tédio que propiciava a ocorrência de erros e, por consequência, causava acidentes de trabalho. Atualmente, as linhas de produção inteligentes utilizam robôs que executam as mesmas tarefas de forma mais rápida e precisa, sem os riscos de acidentes.

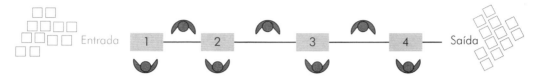

Figura 4.6 – Linha de produção no formato "reta" convencional.

4.1.1.3 Arranjo físico "em linha múltipla"

Similar ao sistema em linha reta, porém com variações no número de equipamentos por processos com base no tempo, balanceando a linha de produção e, assim, evitando pontos de gargalo, desperdício de tempo e otimizando a produção. Essa alteração de linha reta para linha múltipla pode ser realizada por meio dos Cyber-Physical System e da IoT quando a programação dos produtos exige realocação dos equipamentos ou substituição de ferramentas que podem ser efetuadas de modo automático com um tempo de *setup* mínimo.

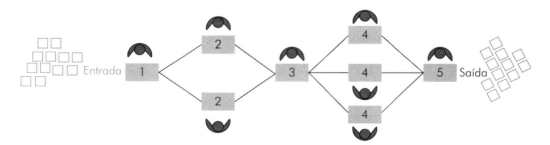

Figura 4.7 – Linha de produção no formato "múltiplo" convencional.

4.1.2 Arranjo físico por processo ou funcional

Ao contrário do modelo de produção em linha, no qual os processos são sempre iguais, o arranjo físico por processo é mais adequado em empresas com grande volume de produtos diversificados e com processos distintos, como no caso de produção customizada ou na produção de lotes pequenos.

Atualmente, esse tipo de arranjo também pode ser automatizado seguindo-se os mesmos critérios da produção em linha. As dificuldades com balanceamento da produção foram superadas em grande parte pela implantação de redes de monitoramento do fluxo de processos, que otimizaram o balanceamento e permitiram a execução do *setup* em tempo real via sistema.

Figura 4.8 – Exemplo de arranjo por processo em linha.

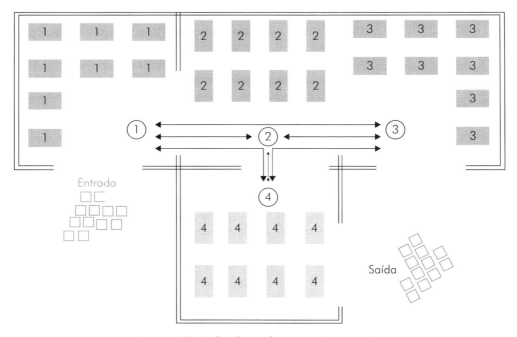

Figura 4.9 – Linha de produção por "processo".

4.1.3 Arranjo físico celular

O arranjo físico celular deriva dos arranjos por linha e por processo, aproveitando as vantagens de cada um destes. É muito utilizado na produção de grandes variedades de produtos, com grandes variações de processos e componentes em cada tipo de produto.

Cada célula, ou unidade fabril, executa uma etapa do processo produtivo. Assim, utiliza os equipamentos necessários e trabalha mediante o arranjo físico mais adequado ao seu processo.

O arranjo celular apresenta várias vantagens, como a maior flexibilidade do tamanho do lote a ser produzido, a diminuição dos transportes de material dentro da célula e a eliminação dos estoques, pois a produção é calculada para atender às necessidades das outras células.

A desvantagem do arranjo celular é que uma reconfiguração usualmente apresenta custo elevado. Além disso, se não houver programação para aquela célula em especial, esta linha toda ficará ociosa.

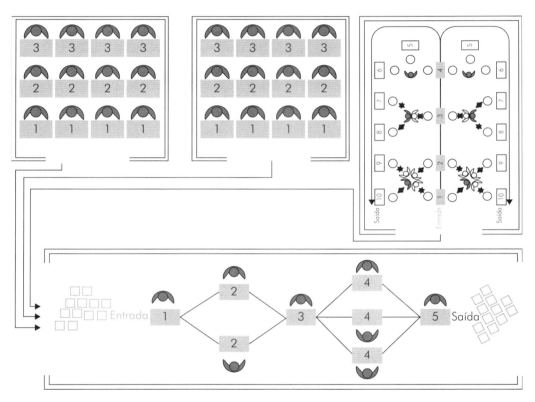

Figura 4.10 – Estrutura de produção tipo "celular" convencional.

4.1.4 Arranjo físico por posição fixa

No arranjo físico por posição fixa, os equipamentos e recursos são montados no entorno do produto. O produto em si permanece estático durante todo o processo, ou seja, todas as peças e/ou partes são levadas e instaladas no produto. Esse processo é custoso e usualmente exige muito espaço em consequência do produto a ser fabricado. Além disso, este tipo de arranjo é específico para um único tipo de produto, necessitando assim ser remodelado para cada novo produto a ser fabricado.

É muito utilizado pelas indústrias aeronáutica, naval e de construção civil.

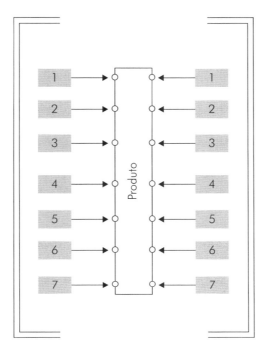

Figura 4.11 – Estrutura de produção tipo "posição fixa".

Figura 4.12 – Exemplo de arranjo por posição fixa.

Figura 4.13 – Exemplo de arranjo por posição fixa.

4.1.5 Arranjo físico misto

Esse tipo de arranjo é utilizado por indústrias que possuem mais de uma linha de produtos alocadas em um mesmo espaço físico. É semelhante ao arranjo físico celular e possui as mesmas vantagens.

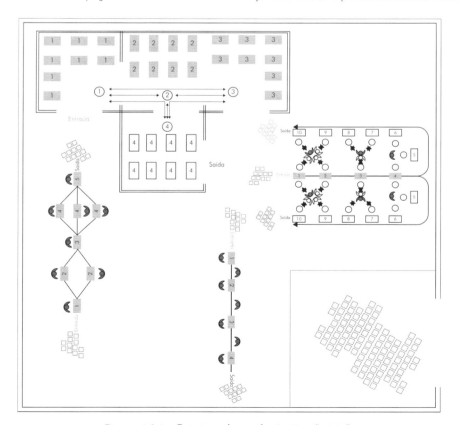

Figura 4.14 – Estrutura de produção tipo "mista".

4.1.6 Determinação do espaço físico

Após a determinação do tipo de estrutura de produção mais adequada ao perfil de produção da empresa, existe outro levantamento imediato e imprescindível: qual é o tamanho da área de produção necessário para implantar a linha de produção?

Aqui vamos nos ater somente às características da linha de produção e ao cálculo do espaço reservado a ela. Deixaremos o detalhamento, como áreas de emergência, iluminação adequada, exaustão, banheiros, bebedouros e outras necessidades a serem consideradas para o projeto definitivo.

Para avaliar essas características da linha de produção e calcular adequadamente os espaços, é necessário levarmos em consideração alguns parâmetros, como os relacionados a seguir:

- Superfície ou área projetada (SP): corresponde à área ocupada pelo equipamento ou maquinário. Esta área é usualmente a área da base do equipamento.

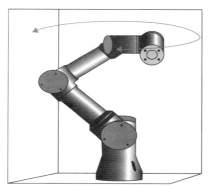

Figura 4.15 – Superfície ou área projetada.

- Aresta viva (AV): corresponde ao espaço a ser utilizado pelo operador durante o processo de produção, para operar e acondicionar o material produzido.

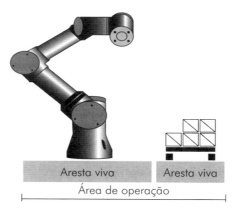

Figura 4.16 – Aresta viva.

- **Superfície ou área de operação (AO):** corresponde à área estritamente necessária para que o trabalhador possa operar ou efetuar a manutenção do equipamento de forma segura e eficiente. Este espaço deve ter entre 1 m e 2 m, no máximo.

Figura 4.17 – Superfície ou área de operação.

- **Superfície ou área de circulação (AC):** além dos espaços para os maquinários e seus operadores, também é necessário calcular se o espaço necessário para permitir a circulação de materiais, produtos e pessoas na área de operação deve ser dimensionado com base nos materiais a serem processados. Este espaço usualmente deve ser dimensionado com o tamanho máximo de 3 m.

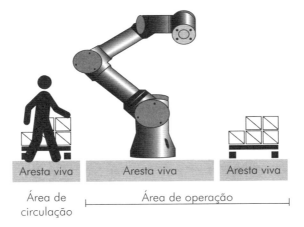

Figura 4.18 – Superfície ou área de circulação.

- **Corredores de passagem (CP):** são as áreas destinadas à passagem de pessoas, materiais e veículos que não são ligados diretamente às atividades de produção. Essa área dever ter como padrão mínimo 1,0 m, porém essa medida deve ser utilizada somente em espaços extremamente restritos, devendo o padrão para os dias atuais ser de 1 m a 3 m.

Administração da Produção 147

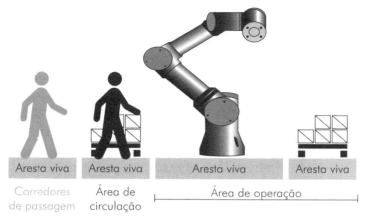

Figura 4.19 – Corredor de passagem.

A partir dessas informações, podemos aplicar nossos conhecimentos para calcular o espaço necessário para a instalação de um equipamento medindo 5 m × 5 m, em uma unidade de produção, considerando-se duas arestas vivas.

Teremos, então:

Área de operação = Definiremos 2 m (máximo).

Área de circulação = Podemos definir como 3 m (máximo).

Corredor de passagem = Definiremos como 1 m (mínimo).

Com esses cálculos, teremos em uma planta baixa a seguinte definição:

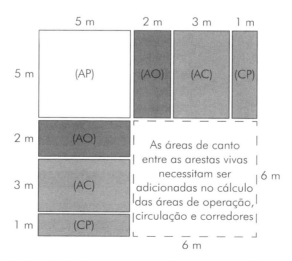

Figura 4.20 – Exemplo do cálculo do espaço necessário para a instalação de um equipamento.

A área total necessária para a instalação do equipamento apresentado na Figura 4.20 de forma adequada é de 11 m².

Devemos observar que os valores foram definidos apenas como exemplo.

Para as indústrias inteligentes, os espaços utilizados para os operadores de máquinas devem ser considerados apenas como referência para manutenção de equipamentos

4.1.7 O espaço físico na Indústria 4.0

O *layout* e os espaços físicos em plantas passarão por remodelações e ajustes sensíveis conforme a empresa for migrando suas atividades de acordo as necessidades dos processos automatizados.

Com a redução do volume de trânsito de pessoas, alguns espaços podem ser reduzidos, como áreas de trânsito e operação, para mais ou para menos, em função da menor quantidade de pessoas e maior quantidade de máquinas.

 Fique de olho

> Aprendemos como planejar os arranjos físicos das instalações nas organizações, de forma a otimizar e adequar o uso dos espaços. Devemos nos atentar para o fato de que os atuais arranjos industriais utilizam espaços diferenciados para os novos equipamentos robotizados, mas baseados nos mesmos princípios e cálculos apresentados em nossos modelos convencionais.

4.2 Planejamento e controle da produção

Produzir é aplicar da melhor maneira possível os recursos disponíveis – material, capital e trabalho –, em benefício da sociedade, buscando trabalhar de forma harmoniosa os investimentos efetuados e a rentabilidade obtida.

A atividade de planejamento e controle da produção exige um enorme volume de informações necessárias para produzir de forma eficiente e ao menor custo possível, recebendo e enviando informações em tempo integral de várias áreas e atividades, empresas, clientes e parceiros a fim de definir de maneira rápida e precisa:

- O que fazer:

    Atender ao planejamento estratégico da empresa.

    Otimizar a utilização das instalações da fábrica de forma a atender à demanda do mercado.

    Controlar a capacidade de produção dos equipamentos.

    Manter o controle em tempo real do volume de produção.

    Controlar os níveis de qualidade dentro dos padrões estabelecidos.

- Quando fazer:

Atender ao planejamento tático da empresa.

Programar e iberar a produção no tempo certo.

Programar ajustes e *setups* necessários.

Controlar em tempo real as necessidades e os níveis de matérias-primas.

Controlar os volumes de produtos em processo e acabados.

Acionando fornecedores em tempo real, de forma a suprir as necessidades.

- Como fazer:

Atender ao planejamento operacional da empresa.

Identificar antecipadamente as necessidades de rearranjo.

Realizar as manutenções preventivas.

Realizar em tempo real cada processo da produção.

Registrar as informações de produção, conforme especificado nos objetivos da empresa.

4.2.1 Sistemas de produção

Podemos utilizar três tipos de sistema de produção:

- Produção sob encomenda.
- Produção em lotes.
- Produção em série.

A combinação dos Cyber-Physical System e da IoT permitem que dados relevantes incorporem todo o processo de fabricação, tornando qualquer que seja a necessidade ou processo de fabricação a ser adotado eficientes e viáveis.

- **Sistema de PCP para produção em série:** destinado para produção em grandes volumes, utiliza estruturas de arranjo físicos lineares (não obrigatório).

- **Sistema de PCP para produção em lotes:** utilizado para produzir quantidades definidas de produtos diferenciados. Para cada lote de produção é exigido um planejamento específico, e através do ciberprocessamento e da IoT é possível reprogramar a produção de forma que o *setup* seja realizado com um mínimo de parada.

- **Sistema de PCP para produção sob encomenda:** utilizado para produção somente após a concretização de vendas através de um contrato ou pedido. A produção sob demanda funciona após o recebimento do pedido, e o planejamento e a incorporação dos novos pedidos no planejamento ocorrem em tempo real, reprogramando processo e recursos de forma a não haver atrasos. As fábricas inteligentes podem realizar rearranjos nos processos de produção substituindo módulos para o novo padrão a ser implantado.

4.2.2 PCP no planejamento da empresa

O PCP está presente nos três níveis do planejamento e controle das atividades produtivas de um sistema de produção:

- Nível estratégico: participa da elaboração do planejamento estratégico da produção, definindo os processos a serem adotados em um plano de produção, inserindo-o no sistema.

- Nível tático: no nível tático, no qual são inseridas as informações de médio prazo para a produção, para que o PCP processe o planejamento-mestre da produção (PMP).

- Nível operacional: no nível operacional, no qual são programados os processos, realizados os procedimentos de acompanhamento da execução dos programas em tempo real, administrados os estoques e as sequências, emitidas e liberadas as ordens de compras e fabricação, até a montagem e liberação.

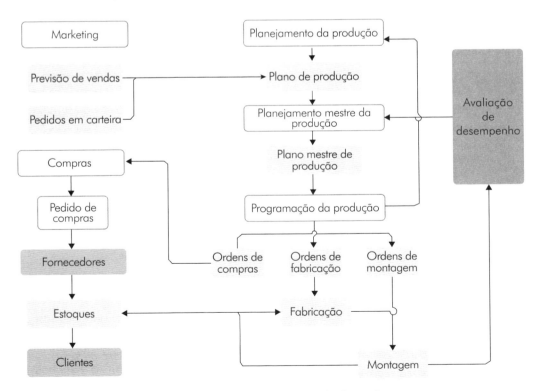

Figura 4.21 – Planejamento e controle de produção.

Fonte: Tubino (1997).

4.2.3 Metodologia para a implantação do PCP

A implantação e estruturação do PCP em uma empresa consiste em elaborar uma metodologia conjunta, descrevendo as rotinas e aprendizado necessário.

É necessário definir:

1. Equipe técnica responsável pelo Projeto PCP.
2. Divulgação e transferência do conhecimento através de treinamentos e palestras.
3. Definição dos sistemas produtivos a serem adotados pela empresa.
4. Análise das premissas dos sistemas adotados.
5. Sistematização do modelo adotado.
6. Especificação dos requisitos para o sistema de PCP.
7. Seleção ou desenvolvimento do sistema.
8. Implementação do sistema.

4.2.3.1 Controle dos processos

Processos por produto

Será necessária a elaboração de diagramas e fluxogramas dos processos para identificar todas as fase e ações utilizadas na fabricação de cada produto, conjunto de peças ou peças individuais.

Figura 4.22 – **Exemplo de ficha de processo por produto.**

Diagrama de fluxo de processo

O diagrama de fluxo de processo deve ser elaborado para as peças e etapas do processo de montagem de um conjunto de componentes ou elaboração peças individuais (itens) para montagem do conjunto.

Figura 4.23 – **Exemplo de ficha de fluxo de processo.**

Necessidades de equipamentos, espaços e mobiliário

Figura 4.24 – **Exemplo de ficha de necessidade de equipamentos, espaços e mobiliário.**

Necessidade de espaço físico por área

Produtos			
Lote de produção:	Unidade responsável:		Analista responsável:
Código do produto:	Nome:		

NR	Descrição da atividade	Duração	Tipo de atividade	Distância percorrida
01				
02				
03				
04				
05				
06				
07				
08				
09				
10				
11				
12				

Figura 4.25 – **Exemplo de ficha de necessidade de espaço físico.**

Quadro de necessidades por áreas da unidade fabril

SETOR	ESPAÇO FÍSICO NECESSÁRIO (m²)

Figura 4.26 – **Exemplo de ficha de necessidade por áreas.**

154 Gestão de negócios – Planejamento e organização para indústria

Fique de olho

Vimos anteriormente alguns modelos de estrutura de produção e sua documentação. Para cada tipo de empresa, devemos nos atentar para suas necessidades de ocupação dos espaços e tempos de produção, o que demandará novos modelos e cálculos. O uso de cibersistemas e integração às redes com altos níveis de informações cada vez mais completos e automatizados também permitem maior agilidade nas tomadas de decisões sobre a produção com tempos otimizados.

4.3 A Revolução Industrial 4.0 e as fábricas inteligentes

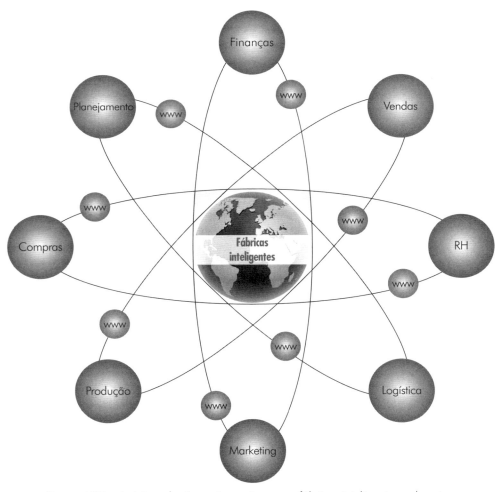

Figura 4.27 – As inter-relações entre as áreas nas fábricas inteligentes se baseiam na internet, pois podem estar fisicamente distantes.

As fábricas inteligentes não somente produzirão de forma autônoma e flexível. Os sistemas inteligentes de monitoramento conseguem monitorar e acompanhar processos em andamento em tempo real e identificar variações que prenunciam problemas e, dessa forma, antecipar manutenções e evitar paradas inesperadas nos processos.

As mudanças que já estão ocorrendo, e ocorrerão cada vez em maior número e grau, não são somente na rapidez e flexibilidade de processos ou nas demandas e ofertas de mão de obra. Também o tipo de produto que pode ser disponibilizado sofrerá mudanças.

As fábricas inteligentes utilizarão cada vez mais a manufatura aditiva (ou seja, impressão 3D) e a manufatura híbrida (manufatura aditiva e manufatura por usinagem compostas em uma mesma máquina) – tudo isso interagindo e criando resultados que vão muito além dos padrões existentes.

Essas novas fábricas inteligentes se baseiam em desenvolvimentos tecnológicos utilizando:

- Internet das Coisas (Internet of Things – IoT): a Internet das Coisas é a conexão e integração de objetos físicos, locais, veículos e outros em rede. Com a conexão de sensores específicos, e com conexão a uma rede que é responsável pela coleta e transmissão bidirecional de dados aplicáveis a sistemas inteligentes.

- Big Data Analytics: a quantidade de dados coletados e transmitidos é muito extensa e sensível. Portanto, o resultado são grandes blocos de dados cujas informações precisarão ser gerenciadas e analisadas.

- Segurança: é claro que toda essa coleta física e, posteriormente, lógica de dados só faz sentido se sua transmissão for rápida, segura e eficiente. A conectividade necessária passa por empresas capazes de fornecerem alta tecnologia aliada a confiabilidade e robustez.

Esse tripé no qual se baseia a Revolução Industrial 4.0 conta ainda com tecnologias importantes, como:

- Tecnologia RFID (identificação por radiofrequência): tecnologia para a identificação automática, utilizando transponders e sinais de rádio. Pode ser utilizada em dispositivos, equipamentos, produtos, pessoas etc.

- Módulos IO-Link: módulos com IP próprio e conexão direta que atuam na rede descentralizada de sensores.

- NFC: abreviação de Near Field Communication. Trata-se de uma tecnologia sem fio para a troca de informações entre dispositivos: basta aproximá-los fisicamente, a uma distância máxima de 10 cm. A curta distância se deve à necessidade de preservação da segurança.

4.3.1 Internet das Coisas (IoT – Internet of Things)

A Internet das Coisas (termo criado pelo inglês Kevin Ashton) conecta dispositivos embarcados em rede. Esses dispositivos são sensores e atuadores dos mais variados tipos, inclusive nanotecnologia, responsáveis por coletar as informações que trafegarão pela rede. Esses dispositivos são conhecidos como **sistemas ciberfísicos**.

Cada um desses dispositivos possui uma identificação (RFID, NFC ou Bluetooth), e o mapeamento de todas essas identificações gera uma base de dados que é o *status* instantâneo.

É a conexão e interação entre todos esses dispositivos que possibilita a IoT.

4.3.1.1 Dispositivos

Alguns aspectos definirão os dados a serem disponibilizados. Um deles é a dimensão dos dispositivos: usando-se nanotecnologia, será possível a monitoração de objetos cada vez menores, líquidos etc.

Também a correta escolha do posicionamento dos sensores e dispositivos definirá a qualidade e quantidade de informação disponível.

Esses dispositivos podem enviar uma gama bastante variada de informações que pode ir além da simples localização, por exemplo, a medição de características físicas, como a temperatura.

Sabendo-se a localização, pode-se medir a velocidade que o sensor está percorrendo. Essa grandeza permite verificar a velocidade de escoamento ou viscosidade do meio em que o sensor se encontra.

A aplicação desses dispositivos vai além de uma instalação fabril, podendo ser colocados em documentos (passaporte, cartão bancário) ou implantando em pessoas e animais, por exemplo. Várias fontes apresentam, ainda, o uso de sensores em tecidos para a verificação de sua temperatura e adequação à temperatura verificada.

4.3.2 Big Data Analytics

A oferta de opções para o tratamento desse grande volume de dados, denominado Big Data Analytics, é vasta. A quantidade de dados coletados e transmitidos é absolutamente extensa, e como esses dados resultarão em atividades importantes, sua preservação sem distorções é também absolutamente imprescindível.

Além dos dados provenientes dos sensores, Big Data pode agrupar dados de qualquer fonte, como mídias sociais, relatórios, pesquisas e tantos outros.

Pode-se deduzir daí a importância do tratamento apropriado das informações coletadas: as ações a serem tomadas, sejam estas automáticas ou com intervenção humana, serão o resultado do tratamento do Big Data. Qualquer falha ou distorção pode alterar os resultados e posteriores atitudes/decisões de forma definitiva.

Quando você combina Big Data com a alta potência do Analytics, você pode realizar tarefas relacionadas a negócios, tais como:

- Determinar a causa raiz de falhas, problemas e defeitos em tempo quase real;
- Gerar cupons no ponto de venda com base em hábitos de compra dos clientes;

- Recalcular carteiras de risco inteiras, em questão de minutos;
- Detectar comportamentos fraudulentos antes que eles afetem sua organização. (SAS)

Historicamente, o conceito de Big Data remonta ao início dos anos 2000, a partir de um analista chamado Doug Laney, da Gartner, Inc. De acordo com o *blog* da Gartner, Inc. (<https://blogs.gartner.com/doug-laney/files/2012/01/ad949-3D-Data-Management-Controlling-Data-Volume-Velocity-and-Variety.pdf>), os desafios do gerenciamento de dados estão em três dimensões: volume, velocidade e variedade. Diversas outras empresas consideram também essas dimensões, mas adicionam outras, para dar maior consistência à análise e tratamento dos dados.

Big Data permite análises preditivas, corretivas, para diagnóstico etc. Ou seja, a versatilidade no tratamento dos dados é quase infinita. Assim, Big Data pode ser aplicado não somente a indústrias de transformação, mas a todos os ramos de negócios, como comércio, serviços, ensino, financeiras, governos, ou no que mais a imaginação pensar.

4.3.3 Plataformas industriais via internet

Várias empresas estão desenvolvendo plataformas trabalhando a partir dos dados coletados. Os focos dessas plataformas são variados, mas aspectos como o aumento da eficiência energética, a redução de perdas, a manutenção preventiva e preditiva, o diagnóstico precoce em pontos que anteriormente seriam inacessíveis são alguns dos tópicos visados por essas plataformas industriais.

4.3.4 Segurança dos provedores de comunicação

A garantia de segurança e robustez dos sistemas de informação é um aspecto vital nessa nova abordagem: de nada serve capturar e tratar todos os dados se houver falhas na transmissão, roubos na informação, envio de informação errada ou inadequada à aplicação, entre outros. Os recursos a serem utilizados para se evitar esses problemas são vários e definidos pelos especialistas, caso a caso.

10 práticas que podem ajudar [...]:

1. Certificar a proteção em sistemas distribuídos [...] o primeiro passo é estabelecer políticas claras e assegurar que cada ponto em estruturas distribuídas esteja seguro e tenha controle contínuo de acesso.

2. Garantir o armazenamento do banco de dados não-relacionais [...]

3. Proteger o armazenamento de dados e registros de logs [...]

4. Validação de endpoint [...] É preciso reforçar a segurança, utilizando certificação e ferramentas de gerenciamento em todos os dispositivos usados.

5. Monitoramento e conformidade em tempo real [...] para evitar a entrada de dados falsos e a adição de dispositivos não confiáveis em um cluster [...]

6. Garantir a privacidade dos usuários [...] definição clara dos direitos e deveres de cada usuário, assim cada um terá permissão de acesso apenas aos de dados que necessitar para realizar seu trabalho.

7. Utilizar criptografia [...]

8. Controlar o acesso granular [...] torna possível fornecer privilégios para cada usuário [...]

9. Auditorias granulares [...] os dados da auditoria devem ser protegidos para serem considerados confiáveis [...]

10. Verificar a procedência dos dados [...] para assegurar a eficiência do processo e para que a privacidade de dados não seja comprometida, todos aqueles que se referem a identificação pessoal, números de registros, entre outras informações sensíveis, devem ser mascarados ou removidos [...]. (BLOG BRASIL WESTCON).

Planejando a transformação para a indústria 4.0

Planos mudam, esse é um fato irrefutável. Assim, as operações que suportam os estágios da transformação digital precisam ser receptivas.

4.3.4.1 Passos-chave para esta evolução

1. Criar um time habilitado.

   A transformação é um processo de aperfeiçoamento e aprendizado sem fim, assim sai caro ter uma forte dependência na *expertise* externa para habilitar as mudanças. No lugar disso, procure uma forma de criar e manter um time interno produtivo, apesar de manter-se alerta sobre a necessidade de investimento em treinamento que será necessária.

2. Nem todas as mudanças são iguais.

   Os fatores custo da propriedade e custo da mudança devem ser norteadores na tecnologia a ser usada para suportar seu negócio. Mudanças periódicas ou mudanças que são parte da natureza do negócio devem ser tratadas perfeitamente sem esforços significativos por parte do time.

3. Crie uma cultura de mudança que adote inovação mensurável.

   Promova a experimentação colocando medições e indicadores do sucesso no lugar. Tornar visível e claro os resultados obtidos em relação ao dinheiro investido encorajará uma abordagem interna mais inovadora.

Fique de olho

Neste capítulo, vimos um dos caminhos que a evolução industrial está tomando e como esta evolução está exigindo cada vez mais profissionais com amplo conhecimento técnico em processos automatizados e tecnologia da informação.

 Dica

Para obter mais informações sobre o desenvolvimento da indústria no Brasil, consulte o site do Ministério da Indústria, Comércio Exterior e Serviços: <www.mdic.gov.br>. Acesso em: 4 dez. 2017.

Capítulo 5

LOGÍSTICA

5.1 Logística

Cabe ao administrador da área de logística tornar eficiente e reduzir os custos através do controle de fluxo e armazenagem de materiais em processos, produtos acabados, outros recursos e informações relacionadas. Os custos logísticos influenciam diretamente toda a cadeia produtiva e o preço final do produto.

5.1.1 Gerenciamento da cadeia de abastecimento ou *Supply Chain Management* (SCM)

A missão do gerenciamento logístico, ou gerenciamento da cadeia de abastecimento, é planejar e controlar todas as atividades de forma a maximizar a melhoria nos processos produtivos, atingindo os níveis desejáveis dos serviços e da qualidade. Tudo isso dentro do custo mais baixo possível.

O sucesso de sua implementação baseia-se em um estudo profundo de todos os processos envolvidos na coordenação e no comprometimento de todos os canais, que devem estar interligados, cooperando em tempo real com informações que ajudem na diminuição dos tempos de ciclos e redução de custos.

Os principais departamentos fornecedores de informações são:

- Vendas.
- Atendimento ao cliente.
- Administração de pedidos.
- Planejamento de produção.
- Marketing (desenvolvimento de novos produtos).
- Compras.
- Suprimentos.

As atividades de logística incluem todas a atividades internas e externas da empresa, da elaboração dos produtos até sua chegada ao consumidor final.

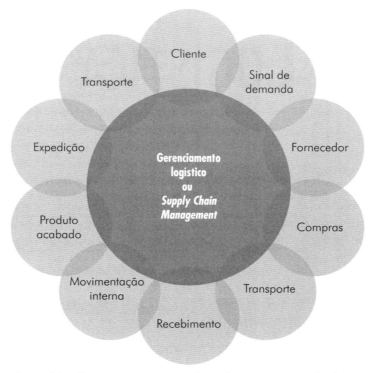

Figura 5.1 – Representação esquemática do gerenciamento logístico.

As atividades do gerenciamento logístico, ou *supply chain management*, tem como principais focos:

- Cliente: conquista e manutenção.

- Fornecedores: quantidade, qualidade, confiabilidade e preço.

- Marketing: novos produtos, em parceria com clientes e fornecedores.

- Logística de armazenamento e distribuição.

- Tornar os produtos competitivos em todos os níveis.

5.1.2 Administração de materiais

A administração eficiente de materiais impacta positivamente toda a cadeia produtiva. A capacidade de identificação dos novos materiais que posam ser aplicados de forma mais eficiente nos processos, bem como de fornecedores parceiros com alta capacidade de integração, compartilhamento e gerenciamento de informações em tempo real, de forma a reduzir ao máximo a necessidade de armazenamento e garantindo a entregas programadas às necessidades e volumes de produção das empresas aplicam o conceito de *just in time* à concepção da palavra.

O sucesso da administração de materiais está diretamente ligado à capacidade de compartilhamento de dados e à flexibilidade de produção da empresa e de seus fornecedores parceiros.

- Especificação dos materiais: a especificação define todos os requisitos dos materiais, permitindo que se mantenha total fidelidade ao que foi inicialmente estudado para cada finalidade específica. Deve-se sempre ter em foco a qualidade e segurança.

- Normatização dos materiais: as normas técnicas dizem respeito a quais materiais podem e/ou devem ser utilizados de acordo com a finalidade do produto.

Cabe às instituições ligadas às indústrias e ao governo definirem as normas técnicas.

- Padronização dos materiais: objetiva facilitar a aplicação do produto, evitando-se que um determinado produto possa ser utilizado em substituição a outro sem que seja necessária a utilização de adaptadores, pois ambos devem ter as mesmas medidas, forma, composição de forma a não prejudicar ao consumidor.

5.1.2.1 Eficiência na administração de materiais

As atividades a serem estudadas para que a empresa atinja a eficiência na manutenção da administração de seus materiais devem ser:

- O transporte.
- Armazenagem.
- Os estoques.
- Manuseio de materiais.
- Pedidos e compras.
- Manutenção da informação.
- Embalagens.

5.1.3 Compras

A área de compras é responsável pela aquisição dos produtos ou serviços para a empresa, ou seja, envolve o relacionamento da empresa com seus fornecedores. A importância dessas atividades é estratégica para o processo logístico como um todo.

À área de compras cabem atividades como:

- Desenvolver, cadastrar e homologar fornecedores, bem como manter seus cadastros atualizados.
- Pesquisar, consultar e arquivar os catálogos de produtos e serviços.
- Adquirir materiais da melhor qualidade ao menor custo possível.
- Elaborar e avaliar as cotações e os contratos de fornecimento.
- Negociar condições de fornecimento.
- Exigir as certificações e conferir a procedência dos materiais.

Essas atividades impactam aspectos importantes para as ações da empresa, entre eles:

- Flexibilidade em mudanças na demanda.
- Cumprimento de prazos de entrega.
- Atingimento das margens de lucro propostas.
- Manutenção de preços a níveis competitivos.
- Manutenção dos volumes de estoque em patamares econômicos.

Os procedimentos da área de compras devem estar alinhados com as diretrizes da empresa. Isso não somente no que diz respeito a preços, prazos, fornecedores homologados, condições de pagamento, mas também com relação aos padrões éticos e morais definidos por ela.

5.1.4 A logística na Indústria 4.0

As atividades de administração de materiais são um dos aspectos que serão amplamente revisitados nas fábricas inteligentes. Principalmente as seguintes atividades passarão por mudanças e adequações:

- **PCP**: as necessidades de materiais serão em tempo real, ou bem próximas a isso. A programação de produtos customizados terá um lugar de bem maior peso.
- **Armazenagem**: a tendência da existência e manutenção de estoque é a de se reduzir ao mínimo até chegar ao ponto de deixar de existir, reduzindo significativamente os custos com armazenagem, já utilizados em grandes empresas através do sistema *cross docking* aliado ao

just in time, que, ao receberem e conferirem os materiais e os produtos, encaminham estes diretamente para as áreas de produção. Neste ponto, a homologação e certificação de qualidade dos fornecedores garantem a qualidade e procedência dos produtos adquiridos, evitando atrasos na liberação para a produção.

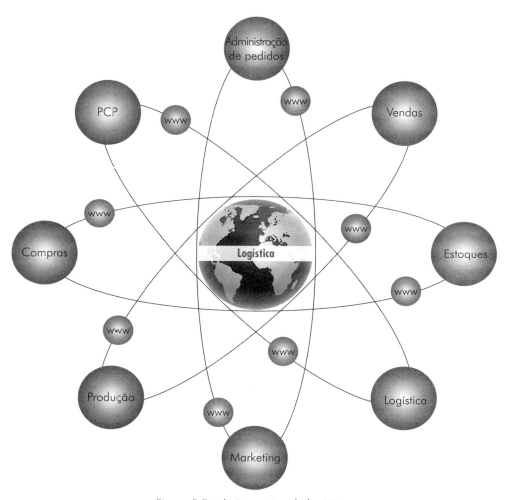

Figura 5.2 – As interações da logística.

Fique de olho

Estudamos a importância da administração de materiais e seus os impactos nos custos dos produtos e na administração desses recursos nas empresas, bem como alguns aspectos da gestão desses recursos na Indústria 4.0.

5.2 Transporte

Não adianta muito a empresa ter o melhor produto, exatamente de acordo com a necessidade de seus clientes, o melhor custo, com a melhor qualidade, se este não chegar a seus clientes. O transporte é, assim, o principal componente das atividades logísticas de uma empresa. A escolha do meio de transporte adequado para o transporte de cargas é um fator decisivo para todas as empresas.

Os negócios realizados, sejam B2B ou B2C, envolvem um relacionamento diferenciado e colaborativo entre empresas, de forma a promover o menor custo possível nas entregas de produtos. A escolha do melhor modal de transporte deve levar em conta o custo, a velocidade de entrega, a segurança dos produtos, a urgência, entre outros fatores.

Os meios de transporte, ou **modais**, são:

Aéreo

Em virtude de seu custo mais elevado, tempo de transporte usualmente mais rápido e áreas com dimensões mais restritas, este modal é escolhido quando serão transportadas cargas que tenham valor agregado alto, bem como dimensões (volumes) pequenos. Também é o modal utilizado para encomendas com entrega urgente.

Figura 5.3 – **Exemplo de avião de carga.**

Vantagens:

- Rapidez.
- Menor necessidade de cuidados com a embalagem.

Desvantagens:

- Volume disponível limitado.
- Valor alto do frete.

Ferroviário

O Brasil possui uma malha ferroviária pequena em relação à extensão do país. De acordo com a Agência Nacional de Transportes Terrestres (ANTT),[1] a malha brasileira possui 30.576 km de extensão.

Ainda de acordo com a ANTT, o processo de desestatização foi iniciado em 10 de março de 1992, e as empresas que adquiriram as concessões, assumiram grandes problemas estruturais. A retomada das operações ferroviárias é, em grande parte, resultado desse trabalho de desestatização.

Figura 5.4 – **Exemplo de trem de carga.**

Vantagens:

- Melhor opção terrestre para volumes grandes.
- Menores custos do transporte (por causa dos menores custos do frete e do seguro).

Desvantagens:

- Inflexibilidade no trajeto, frequentemente exigindo transbordo.

---

1 Disponível em: <http://portal.antt.gov.br/index.php/content/view/4751/Ferroviaria.html>. Acesso em: 24 dez. 2017.

Marítimo

O transporte marítimo de longo curso é o mais utilizado no transporte internacional de cargas ou para cursos longos. É o caso do transporte marítimo internacional.

Figura 5.5 – **Exemplo de navio de carga.**

Vantagens:

- Maior capacidade e flexibilidade nos tipos e formatos das cargas (carrega inclusive líquidos e grãos a granel).
- Custo do frete mais barato.

Desvantagens:

- Necessita de transporte adicional do frete até a empresa.
- Embalagens precisam ser mais resistentes.
- Pequena quantidade de pontos de entrada no país (portos), o que pode causar atrasos, em caso, por exemplo, de congestionamento no porto.

Cabotagem

Ocorre dentro costa marítima do país, realizando o transporte de bens de um porto a outro.

Exemplo: movimentação do Porto de Santos até o Porto de Rio Grande.

Nota: transporte de um porto brasileiro até o Porto de Manaus também se caracteriza como cabotagem, mesmo o Porto de Manaus sendo em um rio.

Figura 5.6 – **Exemplo de barco para cabotagem.**

Em virtude do tamanho da costa brasileira e do desenvolvimento dos negócios, a movimentação de cargas entre os portos nacionais vem crescendo de forma expressiva e pode vir a se tornar um dos segmentos mais lucrativos para as empresas que atuam no ramo.

Hidroviário

Figura 5.7 – **Exemplo de transporte hidroviário.**

Realizado por barcas especialmente desenvolvidas para transporte de cargas em rios. No Brasil, apesar da nossa imensa bacia hidrográfica e do custo mais baixo, ainda não aproveitamos todo o nosso potencial hidrográfico de aproximadamente 22.000 km de rios navegáveis.

Rodoviário

Figura 5.8 – **Exemplo de transporte rodoviário.**

As rodovias do Brasil apresentam estados de conservação muito diferentes: há algumas em que o trajeto é seguro e confortável, enquanto em outras o caminho é absolutamente impraticável.

Apesar de ser o meio de transporte que mais facilita o acesso a todas as regiões do país, os problemas são grandes, não somente por causa de estradas em péssimo estado de conservação, mas também em razão da falta de segurança, que resulta em muitos roubos e assaltos. Esses dois aspectos acabam por elevar os valores de frete.

Vantagens:

- As distâncias são variadas.
- As cargas são mais facilmente acessadas.
- As embalagens não precisam de muito reforço.
- Flexibilidade no atendimento diretamente ao endereço necessário, sem necessidade de transbordo na grande maioria dos casos.

Desvantagens:

- Transporte mais caro que o ferroviário e o aquaviário.
- Qualidade das estradas.
- Dificuldade de acesso a locais mais remotos, em períodos determinados do ano (por exemplo, estradas de terra que ficam intransitáveis por causa de chuvas excessivas).

Duto viário

O duto viário é um meio para produtos exclusivos, visto que o duto é instalado para o transporte de determinado procuto. São os oleodutos, aquedutos e gasodutos.

Figura 5.9 – Exemplo de oleoduto.

A principal característica desse meio de transporte é a entrega pontual, pois os dutos normalmente não são influenciados por condições que afetem a entrega, como congestionamentos, problemas em virtude de condições climáticas etc.

 Fique de olho

Estudamos os vários modelos de transportes de materiais existentes no mercado e seus aspectos técnicos, vantagens e desvantagens para facilitar a tomada de decisão na escolha do melhor modelo e mais adequado a cada operação.

 Dica

Para conhecer um pouco mais sobre logística no Brasil, você pode acessar o site da Empresa de Planejamento e Logística (EPL): <www.epl.gov.br/logistica-brasil>. Acesso em: 4 dez. 2017.

5.3 Armazenagem

Em uma empresa que trabalha com a transformação de mercadorias, o manuseio dos materiais precisa ser corretamente considerado, pois isso define a *performance* da empresa. Nesta parte, vamos verificar aspectos do recebimento e armazenagem dos materiais.

5.3.1 Recebimento

A área de recebimento é responsável por controlar a entrada de todo e qualquer material entregue na empresa.

Normalmente, são adotados dois procedimentos distintos para o recebimento de materiais:

- Administrativo: no qual são confrontados os documentos apresentados pelo fornecedor (notas fiscais, prazos de pagamentos, características dos produtos entregues, códigos de produtos, volumes), com as características e condições do pedido elaborado pela área de compras da empresa, visando garantir que os produtos entregues sejam os mesmos e nas condições semelhantes propostas no pedido de compra.

- Físico: recebimento efetuado por uma equipe com conhecimento do material a ser recebido, visando verificar que o produto que está sendo entregue condiz com as características e quantidades declaradas na nota fiscal, a fim de minimizar eventuais erros e paradas nos processos da empresa.

5.3.2 Estoques

Os materiais recebidos devem ser armazenados, seja em um armazém ou em um depósito específico para a guarda destes, ou, como vimos anteriormente, em administração de materiais podem ser imediatamente direcionados às linhas de produção, reduzindo drasticamente os custos de armazenagem.

Na maioria das empresas, os armazéns ou depósitos recebem uma classificação, com o intuito de melhor identificar a finalidade, ou etapa produtiva, dos produtos que contêm. Essa classificação também ajuda a colocar em uma mesma área produtos que exijam ambientes especiais ou condições específicas de armazenagem. Os estoques podem ser classificados de acordo com as opções indicadas a seguir.

5.3.2.1 Classificação dos estoques

Estoque de matéria-prima

Armazenamento daqueles materiais que serão os insumos para as atividades de produção. São o início da cadeia produtiva.

Estoque de produtos semiacabados

Armazenamento de conjuntos já produzidos, mas que não são ainda o produto a ser comercializado, mas, sim, uma parte a ser incorporada posteriormente, na etapa final de confecção do produto acabado.

Estoque de produtos acabados

Os produtos armazenados no estoque de produtos acabados já foram completados, não necessitando passar por mais nenhum processo produtivo. Estão disponíveis para faturamento e envio aos clientes destinatários.

Estoque de material de apoio

Armazenamento de produtos auxiliares, seja aqueles necessários às atividades de manutenção de máquinas, máquinas utilizadas na produção, instalações também para o processo produtivo, além dos materiais utilizados na área administrativa da empresa.

5.4 Administração de estoques

Se a empresa experimentar problemas com a falta de materiais e suprimentos, essa situação pode comprometer sua produção; por outro lado, se a empresa tiver excesso de materiais e suprimentos, poderá haver comprometimento em suas finanças, aumento dos custos e desperdícios na produção. Todos esses aspectos afetarão inequivocamente a competitividade da empresa e a presença de seus produtos no mercado.

Assim, percebe-se a importância que tem uma administração adequada da área de estoques. A meta deve sempre buscar a excelência na gestão dos estoques, o equilíbrio capaz de reduzir os estoques sem que haja prejuízo e/ou comprometimento da produção.

Esse equilíbrio e ajustes são imprescindíveis para a diminuição dos custos da empresa, uma vez que os estoques representam capital de giro empatado comprometido.

5.4.1 Planejamento de recursos materiais

O sistema de planejamento de recursos materiais, conhecido como MRP (do inglês, Material Requirement Planning) tem como foco o planejamento de suprimentos de materiais, seja interna ou externamente. Atualmente, a denominação MRP também tem sido referida como ERP (do inglês, Enterprise Resource Planning), em virtude de todo o envolvimento necessário nesse planejamento.

Assim, podemos dizer que o MRP ou ERP é a ferramenta adotada para organizar, planejar e programar todas as necessidades na produção em um período determinado.

A estrutura do MRP ou ERP, também chamada de árvore do produto, controla todos os itens necessários (características, diretrizes e subdivisões), em uma sequência do processo de fabricação.

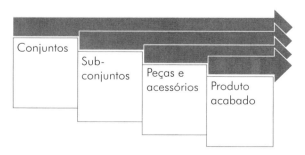

Figura 5.10 – Estrutura da árvore de produto.

5.4.2 Just in time (JIT)

O sistema *just in time* (livremente traduzido como "no momento certo") é um modelo que tem por finalidade a eliminação da atividade de estocar os produtos e a agilização da atividade produtiva. A quantidade de matéria-prima mantida em estoque é somente a necessária para a produção daquele momento. Para o funcionamento deste modelo, também se trabalha com uma quantidade menor de fornecedores.

O *just in time* exige excelência no planejamento e controle, bem como fornecedores habilitados e certificados. A ausência disso coloca em risco todo o processo produtivo da empresa.

As principais características do *just in time* são:

- Produzir e entregar os produtos na medida da demanda.
- Produzir peças na medida da demanda.
- Produzir os materiais dentro da medida da demanda.

5.4.3 Cross docking

O *cross docking* é um processo segundo o qual os produtos são recebidos e separados; são selecionadas amostras para controle de qualidade, encaminhadas para armazenagem, organizadas de acordo com a frequência de uso e validade, sem uma armazenagem longa ou direcionadas diretamente para as linhas de produção. Ou seja, os materiais fluem, mas não são armazenados.

Figura 5.11 – Armazenagem automatizada.

Esse conceito surgiu justamente para atender às necessidades do JIT (*just in time*), EDI (*electronic data interchange*; intercâmbio eletrônico de dados) e ECR (*efficient consumer response*; resposta eficiente ao consumidor), resultando em uma atividade mais prática, econômica e rápida às atividades de fornecimento. Ele acelera o fluxo de materiais, praticamente dispensa a armazenagem e elimina custos.

O *cross docking* exige um excelente planejamento sobre as especificações do produto a entrar na empresa, as quantidades e qual sua destinação. Esse sistema, também denominado *flow-through*, resulta em excelentes ganhos no espaço físico necessário, bem como na redução dos investimentos em estoque.

Figura 5.12 – *Cross docking*.

O *cross docking*, no sistema de distribuição terceirizado de produtos, também apresenta várias vantagens:

- **Distribuição B2C:** na distribuição B2C, os produtos chegam embalados, identificados e prontos para seguirem ao consumidor final.

- **Distribuição B2B:** no modelo de distribuição B2B, os produtos são separados para seguirem a outras empresas ou agrupados por regiões onde serão entregues a outros distribuidores.

- **Depósito terceirizado:** neste modelo, os produtos são recebidos e estocados de forma tradicional até seguirem para a distribuição B2C ou B2B.

5.4.4 Logística reversa

Atua de modo a gerenciar de modo eficiente o retorno de bens e materiais à sua origem, seja para manutenção, devolução ou descarte adequado após o seu uso, por questões ambientais (reciclagem ou descarte).

A logística reversa busca o reaproveitamento (sempre que possível) parcial ou total de materiais, de forma a reduzir custos com aquisição de novos recursos e, principalmente, protegendo o meio ambiente.

Algumas das premissas que devem ser observadas na logística reversa:

- Quais alternativas disponíveis para a recuperação dos produtos e/ou materiais?
- Quem deve realizar a recuperação?
- Como realizar a recuperação?
- Como integrar e aproveitar as atividades da logística reversa com a logística clássica?
- Qual o custo × benefício da logística reversa sob a ótica econômica e ambiental?

Figura 5.13 – Exemplo de área de seleção em empresa de reciclagem.

As empresas que adotam essa ferramenta levam em consideração alguns aspectos importantes, que são:

- Legislação: leis ambientais que estabelecem a responsabilidade das empresas em receberem seus produtos após o uso e lhes darem o tratamento adequado.
- Econômica: os benefícios econômicos de receber e reaproveitar materiais no processo produtivo, em vez de descartá-los.
- Social: a importância no reconhecimento social de empresas que se preocupam com o meio ambiente.

A logística reversa é utilizada nas seguintes condições:

- **Reuso direto:** produtos que não necessitam de reparos, apenas são higienizados e já podem voltar ao mercado consumidor.
- **Reparo:** o produto recebe simples reparos que comprometem, muitas vezes, a qualidade de sua funcionalidade.
- **Reciclagem:** na qual partes do produto podem ser recuperadas e utilizadas em processos de novos produtos, mas o produto original não mais apresenta a funcionalidade original.
- **Remodelação:** o produto é "reformatado" de modo a atingir padrões de qualidade e operação semelhante a produtos novos.
- **Remanufatura:** os produtos são totalmente desfeitos e suas partes são rigidamente examinadas. O que for preciso ser substituído será, e o produto será novamente montado e avaliado, recebendo condições e garantias de produto novo.

 **Fique de olho**

Foram apresentados os conceitos de estocagem, sua evolução, características da administração e de controle de estoques, bem como sua influência nos custos operacionais.

5.5 Os principais elementos dos custos logísticos

Um dos principais desafios da administração está em desenvolver e manter um controle eficiente dos custos. Na área de logística, esse desafio está relacionado ao nível de qualidade dos serviços desejados pelos clientes e o quanto estes estão dispostos a desembolsar por esses serviços.

O custo dos transportes impacta diretamente o preço dos produtos. Dessa forma, a perfeita identificação do perfil dos clientes permite ao administrador definir padrões na forma de atender aos vários grupos e necessidades, padronizando o atendimento dos grupos semelhantes e obtendo, assim, eficiência com o menor custo possível.

O sistema logístico deve priorizar inicialmente:

- O atendimento da cadeia de suprimentos.
- O apoio à produção.
- A distribuição física.

A eficiência dos serviços de logística leva em consideração:

- Disponibilidade dos produtos no mercado.
- Redução nos prazos de entrega.
- Facilidade na colocação dos pedidos.
- Diferenciais, como agendamento com hora determinada.

Também devemos nos atentar à infraestrutura disponível:

- Tarifas portuária.
- Condições de transportes (estradas, combustíveis, manutenção).
- Disponibilidade dos transportes regionais e sua eficiência.
- Mão de obra disponível e adequadamente qualificada.

O gerenciamento logístico deve se preocupar também com:

- Os produtos a serem administrados.
- Os canais de distribuição.

- As regiões a serem atendidas.
- Os volumes a serem movimentados.

Todos esses aspectos geram custos. Dessa forma, é muito importante que o administrador considere e avalie os valores apropriados em cada um deles, dados a importância, relevância e o impacto causados no preço dos produtos, bem como na agilidade, eficiência e qualidade exigidas na disponibilização dos produtos.

Custos com armazenagem

Os custos com a armazenagem incluem todos os valores que a empresa investirá para a armazenagem, incluindo armazenagem de matérias-primas e materiais auxiliares para a produção.

Esses custos abrangem os custos para o espaço físico em si (por exemplo, aluguel de área), recursos que sejam necessários para a acomodação dos produtos (prateleiras, contêineres etc.), ferramentas que podem ser necessárias para a movimentação dos materiais, como empilhadeiras ou pontes rolantes, bem como a mão de obra necessária para a movimentação.

Custos com processamento dos pedidos

São os custos com o processamento dos pedidos recebidos, feito de forma coerente com a atividade da empresa, visando torná-la cada vez mais eficiente e atender ao aumento na quantidade de pedidos e quantidade de itens a serem atendidos e volumes mínimos, bem como o perfil dos clientes (atacadistas e varejistas).

Custos com estocagem

Os custos com estoques incluem os custos dos materiais ou produtos destinados a atender a demanda de seus clientes. O dimensionamento dos volumes estocados é responsável por uma parcela entre 10% e 50% do custo total de um produto. Assim, um estoque mal dimensionado pode inviabilizar a aceitação do produto ou prejudicar a saúde financeira da empresa.

Custos com transportes

A atividade de transporte tem um papel relevante nos negócios da empresa como um todo, pois o transporte adequado resulta em uma boa oferta (ou não) dos produtos da empresa no mercado. Para se calcular corretamente esses custos, é necessário avaliar os trajetos necessários (para identificar transportes adequados e seus respectivos custos), os volumes necessários e os prazos a serem atendidos.

Os custos não devem somente ser analisados de forma passiva, ou seja, anotados e incluídos nas atividades financeiras da empresa, mas devem ser criticados e otimizados de forma a oferecer resultados que sejam mais atraentes para o cliente, o que resultará em benefício para a empresa.

Como já indicado no item 5.1.4, na Indústria 4.0 os custos logísticos são bastante diferentes dos custos apresentados nas atividades relacionadas à indústria convencional. Isso acontece em virtude da grande mudança de paradigmas que resulta em uma fabricação mais voltada às demandas do cliente, com maior grau de customização e fornecimentos com um nível maior de rapidez, e em lotes mais otimizados.

 Fique de olho

Estudamos os impactos dos custos logísticos na operação da empresa como um todo, desde a matéria-prima até o produto chegar ao cliente, bem como a necessidade da contínua reavaliação deste assunto na indústria moderna.

5.6 Embalagens

O produto, uma vez acabado, tem como destino um cliente, seja este o cliente final/usuário, ou um armazém, uma loja etc. E para poder ser comercializado/utilizado, é imprescindível que o produto esteja em perfeitas condições e atendendo às regulamentações, caso estas sejam aplicáveis.

Assim, as embalagens devem ser capazes de permitir a identificação adequada do fabricante, origem, tipo de produto, dentre tantas outras informações, e ainda reduzir possibilidades de extravio, simplificar e agilizar entregas, otimizar o uso do espaço (em armazéns ou no transporte). Dessa forma, a empresa otimiza ainda mais seus custos, ao reduzir perdas, sejam aquelas por extravio ou, ainda, por danos ao produto.

Dependendo da aplicação da embalagem, ela é classificada em um dos seguintes tipos:

- **Embalagem primária**: a embalagem primária é aquela que embala diretamente o produto, seja individual ou em múltiplos. A embalagem primária é utilizada na indústria alimentícia (para embalar carnes, frangos, peixes etc.), em artigos de papelaria (cartelas com lápis, borrachas, apontadores), artigos elétricos (lâmpadas) e é muito utilizada por estabelecimentos de comércio que trabalham com autoatendimento.

Figura 5.14 – **Embalagem primária**.

- **Embalagem secundária ou master:** a embalagem secundária ou máster tem a função de proteger a embalagem primária. Por se tratar de uma embalagem múltipla, ela também define quantidades mínimas de comercialização, por exemplo, nas vendas em atacado.

Figura 5.15 – Embalagem secundária.

- **Embalagem terciária:** utilizada para acomodar a estocagem de embalagens secundárias, normalmente composta por uma base firme (*pallet*), além de facilitar a movimentação na armazenagem e no transporte.

Figura 5.16 – Embalagem terciária.

- **Embalagem quaternária:** é o meio escolhido para conter uma quantidade múltipla de embalagens secundárias que foram acomodadas na forma de uma embalagem terciária. A finalidade da embalagem quaternária é assegurar que a movimentação dos produtos acomodados em uma embalagem terciária (em um *pallet*, por exemplo) seja feita de forma segura e facilitada. Um exemplo de embalagem quaternária é o filme PVC.

Figura 5.17 – Exemplo de embalagem quaternária: filme PVC embala o conjunto de embalagens secundárias acomodadas em um *pallet* (embalagem terciária).

- **Quinto nível:** são os contâineres, tipo de embalagem apropriado ao transporte em longas distâncias. As dimensões são padronizadas, e procura-se sempre enchê-los o mais possível para otimizar o custo.

Figura 5.18 – Quinto nível.

Fique de olho

Vimos os vários níveis de embalagens existentes no mercado e sua importância para a logística, estocagem, força de marketing, localização, entre outras.

Capítulo 6

CONTABILIDADE

6.1 Contabilidade introdutória

Contabilidade é uma ciência que trabalha com números. Ou seja, registram-se todos os valores associados a todos os movimentos, operações e atividades dentro da empresa. Esses números, corretamente identificados, permitirão ter uma "representação numérica" do funcionamento da empresa.

Cabe à contabilidade analisar as variações financeiras e patrimoniais e seus reflexos, seja em pessoas físicas ou jurídicas.

A informações contábeis são de grande interesse, pois a precisão de suas informações permite aos interessados analisarem o histórico da empresa e os efeitos das ações estratégicas, econômicas e mercadológicas em seu passado, a situação atual da empresa através de análises das ações estratégicas, econômicas e mercadológicas atuais e, ainda, traçar ações estratégicas futuras com base nas tendências econômicas e mercadológicas.

Em virtude da grande variedade de informações sobre as empresas fornecidas pelos sistemas contábeis, existe muito interesse nessas informações por interesses diversos.

Os principais interessados são os sócios, acionistas ou investidores, que possuem interesse direto na eficiência dos negócios, na rentabilidade de seus investimentos através da distribuição de lucros.

Os administradores, diretores, executivos e funcionários também possuem especial interesse nas informações contábeis, pois para os gestores é possível analisar a eficiência e assertividade nas tomadas de suas decisões, na estabilidade da empresa, na capacidade de investimentos e também, em alguns casos, nos programas de Participação nos Lucros e Resultados da Empresa (PLR).

As informações contábeis das empresas também interessam a outras organizações, como bancos, capitalistas, credores e fornecedores, que estão interessados na capacidade da empresa em honrar seus compromissos assumidos com essas instituições.

As informações contábeis atendem também aos interesses governamentais, pois seus economistas utilizam as informações como forma de analisar o desempenho econômico setoriais, além analisar novas perspectivas e comparar as arrecadações de taxas e impostos e outros tributos com as informações prestadas.

Para clientes e pessoas físicas, essas informações servem na tomada de decisões sobre as compras a serem efetuadas e garantias futuras a serem exigidas.

Os conceitos contábeis também devem ser utilizados na administração eficiente do orçamento familiar e controle de evolução patrimonial.

Informações contábeis – finalidades:

I. Finalidade de controle

   a. Como meio de Informação

   Os relatórios contábeis têm como uma de suas finalidades informar sobre os resultados obtidos através dos investimentos, bem como sobre os novos investimento e previsões a respeito dos períodos futuros.

   b. Como meio de motivação

   Os resultados apresentados podem servir como fator motivacional para sócios, acionistas, administradores e funcionários, uma vez que eventuais resultados positivos indicam melhores remuneração aos acionistas e funcionários, além da sensação de estabilidade.

   c. Como meio de verificação

   A principal finalidade das informações contábeis está na capacidade de fornecer dados para análises de verificação da real situação do empreendimento e da veracidade de informações prestadas.

2. Finalidade de planejamento

A avaliação dos resultados dos planejamentos executados, dos investimentos e de toda a conjuntura econômica permitem aos sócios, acionistas e administradores decidirem os rumos e os novos planejamentos, orçamentos e investimentos para os próximos períodos.

Princípios e convenções contábeis

Os princípios contábeis, para serem considerados como tal, devem ser fiéis à realidade e praticáveis.

Entre os vários princípios e convenções aceitos na atualidade, podemos destacar os seguintes:

1. Realização

A realização – o lucro ou o prejuízo só podem ser considerados concretos no ato da venda.

2. Entidade

Os recursos contabilizados pela empresa não podem ser confundidos com recursos dos sócios e vice-versa.

3. Continuidade

A contabilidade trata do conceito de que a empresa é constituída para perdurar por prazo indeterminado, salvo quando a data de encerramento for prevista no contrato social.

Uma das mais antigas empresas do mundo em que se tem conhecimento, se não for a mais antiga é a Kongo Gumi – Japão.

Atividade: Construção de templos budistas

Fundada no ano de: 578 - Está na 40ª geração

(<http://www.kongogumi.co.jp>)

4. Custo como base de valor

Os valores utilizados para o registro contábil devem ser os efetivamente pagos para adquiri-los ou fabricá-los.

5. Competência dos exercícios

A data do fato gerador é o fator determinante para a contabilização dentro do correspondente período.

6. Denominador comum monetário

Os registros são efetuados conforme valor originalmente estabelecido. Valores inflacionários (correções monetárias) podem ser considerados se houver cláusula contratual e desde que devidamente classificada.

Convenções

As convenções contábeis têm como objetivo fortalecer o conteúdo dos princípios, dando mais significado ao seu conteúdo.

1. Consistência

   Não alterar os critérios de contabilização sem aviso.

2. Conservadorismo

   Adotar sempre o preço de custo ou de mercado, o mais baixo.

3. Materialidade

   Não se preocupar com valores insignificantes.

4. Objetividade

   A contabilidade é embasada em fatos e documentos comprobatórios.

6.1.1 Procedimentos contábeis básicos

Partidas dobradas

Os eventos contábeis registrados seguem uma premissa básica denominada método das partidas dobradas, que significa: para cada lançamento efetuado a débito, haverá um ou mais lançamentos a crédito, totalizando igual valor e vice-versa.

Livro Diário

O Livro Diário tem como finalidade registrar todas as operações contábeis realizadas pela empresa em ordem cronológica e sequencial.

LIVRO DIÁRIO

Empresa:

C.G.C.(MF)   I.E.   C.C.M.

Nº Lanç.	DATA	D/C	Número/Nome Conta	Nº Documento	Valor	Histórico

Figura 6.1 – Livro Diário.

Contas

Em geral, as operações contábeis são registradas em contas. As movimentações registradas nessas contas podem representar variações no Ativo, no Passivo e no Patrimônio Líquido da empresa.

Todas as movimentações realizadas nessas contas ficam registradas individualmente em um documento denominado Livro Razão, que indica o(s) número(s) e a(s) conta(s) relacionada(s) com a movimentação.

Exemplo:

Figura 6.2 – Exemplo de Livro Razão.

Débito e crédito

Quando efetuamos um lançamento contábil, este pode ser a débito ou a crédito. Assim, podemos definir que, sempre que uma conta recebe determinado valor de outra conta, esse valor deverá ser lançado a **débito**.

Também podemos definir que, sempre que uma conta enviar um determinado valor para financiar outra conta, esse valor deverá ser lançado como **crédito**.

Portanto, se a empresa efetuou uma compra de móveis e pagou à vista com recursos disponíveis no caixa, entenderemos que a conta Caixa enviou recursos financeiros para a conta Móveis, portanto:

- A conta Móveis que **recebeu** os recursos será lançada a débito.
- A conta Caixa que **enviou** os recursos será lançada a crédito.

A partir dessa premissa, podemos definir que:

Contas do Ativo

As contas do Ativo e que estão do lado esquerdo do balanço devem apresentar saldos devedores, pois seus recursos foram recebidos (origem) de outras contas. Assim, essas contas representam a aplicação dos recursos existentes.

Contas do Passivo e do Patrimônio Líquido

As contas do Passivo que estão do lado direito do balanço devem apresentar saldos credores, pois os seus recursos foram utilizados para financiar as contas do Ativo. Assim, essas contas representam a origem dos recursos existentes

Razonete

Para melhor exemplificar as operações contábeis e suas contas, podemos utilizar o razonete (rascunho do Livro Razão), nos quais colocaremos unicamente o número do lançamento e seu respectivo valor a crédito ou a débito.

Exemplo:

① Integralização do capital social pelos sócios da empresa, no valor de R$ 10.000,00.

Utilizando o razonete (rascunho):

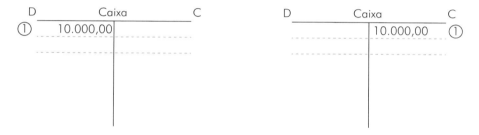

Utilizando Livro Razão:

Número da conta			Nome da conta			Saldo inicial/transportado	
101			Caixa			0,00	
N° Lanç.	Data	D/C	Número/Nome conta	N° documento	Valor	Saldo	D/C
001	02/01/2017	D	501 - Capital	0000	10.000,00	10.000,00	D

Número da conta			Nome da conta			Saldo inicial/transportado	
501			Capital			0,00	
N° Lanç.	Data	D/C	Número/Nome conta	N° documento	Valor	Saldo	D/C
001	02/01/2017	C	101 - Caixa	0000	10.000,00	10.000,00	C

O balancete de verificação

Para que possamos efetuar o encerramento e a apuração dos resultados do exercício, é necessário elaborar o balancete de verificação, ferramenta utilizada para analisar e confirmar a igualdade dos lançamentos efetuados nas contas e efetuar os ajustes e correções necessários de forma a garantir a realidade exigida nos princípios e convenções contábeis e na legislação fiscal.

Exemplo:

Balancete de verificação

Período ___/___/___ a ___/___/___

Contas	Lançamentos		Saldo	
	Débitos	Créditos	Devedor	Credor
Caixa	120.000,00	60.000,00	60.000,00	
Contas a receber	11.000,00	2.000,00	9.000,00	
Materiais	78.000,00	0,00	78.000,00	
Terrenos	31.000,00	0,00	31.000,00	
Móveis e utensílios	50.000,00	0,00	50.000,00	
Contas a pagar	0,00	58.000,00	58.000,00	58.000,00
Capital	0,00	170.000,00	170.000,00	170.000,00
Totais	290.000,00	290.000,00	228.000,00	228.000,00

As somas dos lançamentos representam o volume de riqueza movimentada no período analisado.

Já a somatória dos saldos representam o valores atuais existentes nas contas da empresa. Note-se que, na totalização dos valores apontados a débito, os valores apontados a crédito tanto nos lançamentos quanto nos saldos os resultados devem exatamente iguais.

Quadro 6.1 – Modelo de estrutura de plano de contas

1	**Ativo**
1.1	**Circulante**
1.1.1	Caixa
1.1.2	Bancos
1.1.2.1	Banco do Brasil
1.1.2.2	Caixa Econômica Federal
1.1.2.3	Bradesco
1.1.2.4	Itaú
1.2	**Realizável a curto prazo**
1.2.1	Contas a receber
1.2.2	Mercadorias para revenda
1.3	**Realizável a longo prazo**
1.3.1	Financiamentos a receber

▶

1.4	**Permanente**
1.4.1	Investimentos
1.4.1.2	Investimentos em ações
1.4.2	Imobilizado
1.4.2.1	Imóveis
1.4.2.2	Máquinas e equipamentos
1.4.2.3	Veículos
1.4.3	Diferido
1.4.3.1	Projeto 2018
2	**Passivo**
2.1	**Circulante**
2.1.1	Contas a pagar
2.2	**Exigível a curto prazo**
2.2.1	Contas a pagar
2.3	**Exigível a longo prazo**
2.3.1	Financiamentos a pagar
3	**Patrimônio líquido**
3.1	Capital social integralizado
3.2	Capital social a integralizar
3.3	Lucros ou prejuízos acumulados

6.1.2 As causas das variações no Patrimônio Líquido

Como já vimos inicialmente, o Patrimônio Líquido é composto pelos investimentos iniciais efetuados pelos sócios e pela somatória dos resultados obtidos durante os exercícios, que podem ser lucro ou prejuízo.

O lucro significa ganho de capital ou rentabilidade dos investimentos, enquanto o prejuízo significa consumo dos recursos investidos.

6.1.2.1 Conceitos de despesa, receita e resultado

Receita

Podemos definir receitas todas as formas de entrada de recursos na forma de dinheiro, bens ou direitos, relacionados às operações mercadológicas de produtos e serviços, ou, ainda, através de receitas de juros e dividendos em operações financeiras.

Despesa

As despesas significam os gastos efetuados ou o consumo de recursos utilizados para produzir receitas.

Resultados

Os resultados do período podem ter as seguintes características:

Receitas maiores que despesa = LUCRO (aumento do Patrimônio Líquido)

Receitas menores que despesas = PREJUÍZO (redução do Patrimônio Líquido)

Tanto as contas que representam as receitas quanto as contas que representam as despesas são classificadas como contas de resultados por alterarem diretamente os resultados operacionais da empresa e sua evolução patrimonial.

O período contábil

Como vimos anteriormente, dentro dos princípios contábeis, entendemos que uma empresa irá operar por prazo indeterminado.

Assim, o resultado exato de uma empresa só pode ser identificado após o encerramento das atividades, a venda de todo o seu Ativo e o pagamento de suas obrigações.

O resultado será calculado pela diferença entre o Patrimônio Líquido Final e o Patrimônio Líquido Inicial, acrescido de novos investimentos por parte dos proprietários e deduzido de lucros distribuídos durante o período de existência da empresa.

O período contábil, normalmente utilizado para elaboração da demonstração patrimonial, é de um ano, que pode ou não corresponder ao ano-calendário.

Para fins gerenciais, essas demonstrações podem ser efetuadas a qualquer tempo, de forma que se possa acompanhar a evolução e o desenvolvimento dos negócios.

Apuração de resultados do exercício

As empresas efetuam o encerramento das contas de resultados periodicamente ou anualmente, de forma a apurar os resultados obtidos em suas transações comerciais lucro ou prejuízo.

O encerramento dessas contas é efetuado através da transferência dos saldos existentes em cada conta de resultado debitando-se ou creditando-se os saldos correspondentes à transferência.

O resultado é obtido pela somatória de todas as receitas subtraindo-se a somatória de todas as despesas. Os resultados positivos corresponderão ao lucro bruto antes dos impostos, e os resultados negativos corresponderão ao prejuízo bruto antes dos impostos.

Distribuição de resultados

Qualquer que seja o resultado apurado (lucro ou prejuízo), este deverá ser lançado na conta lucros ou prejuízos acumulados, que, mesmo com saldo negativo, deverá aparecer no Balanço Patrimonial.

Exemplo 1:

Patrimônio Líquido	Em $ mil
Capital	100.000
(-) Lucros ou prejuízos acumulados	(10.000)
Saldo	90.000

No caso exemplificado anteriormente, fica claro que os prejuízos acumulados estão consumindo o patrimônio da empresa.

Demonstrativo de resultados do exercício

O demonstrativo de resultados do exercício é o documento contábil que apresenta detalhadamente as contas de resultados da empresa (receitas e despesas) de forma que o interessado possa analisar e avaliar os impactos causados nos resultados.

O demonstrativo deve apresentar um cabeçalho informando:

a. Nome ou Razão Social da empresa.

b. O Nome do demonstrativo.

c. CNPJ e inscrição estadual.

d. O período coberto.

Exemplo 2:

DEMONSTRAÇÃO DO RESULTADO DO EXERCÍCIO
Empresa: CNPJ   Inscrição Estadual:
Período: 00/00/0000 à 00/00/0000

		Em $ mil
1. Receitas		
1.1. Receitas de vendas	90.000	
1.2. Receitas de serviços	10.000	100.000
2. Despesas		
2.1. Despesas com material de escritório	2.500,	
2.2. Despesas de manutenção	15.000,	
2.3. Despesas de salários	40.500,	
2.4. Despesas de aluguel	4.000,	(62.000,)
3. Lucro líquido		38.000,

O saldo positivo do demonstrativo de resultados deste exemplo significa que a empresa apurou um lucro bruto no exercício (antes dos impostos) e deverá encerrar a conta de resultados transferindo o saldo para a conta lucros ou prejuízos acumulados, que deverá figurar no Balanço Patrimonial.

RESULTADO
a LUCROS OU PREJUÍZOS ACUMULADOS
Lucro líquido apurado no exercício...38.000,

Encerramento das contas de resultado do exercício

As contas patrimoniais que representam o Ativo (bens e direitos) e o Passivo (obrigações) devem permanecer com seus saldos na abertura do novo exercício fiscal.

As contas patrimoniais são as únicas que fazem parte do Balanço Patrimonial.

Já as contas de resultados são reabertas para o novo exercício com seus respectivos saldos zerados.

6.1.3 Estática patrimonial (o balanço)

O Balanço Patrimonial é a principal demonstração contábil na qual podemos avaliar a empresa e sua situação patrimonial e financeira em um período contábil. A comparação de dois ou mais balanços em períodos contábeis sequenciais servem como forma de analisar sua evolução patrimonial com mais eficiência.

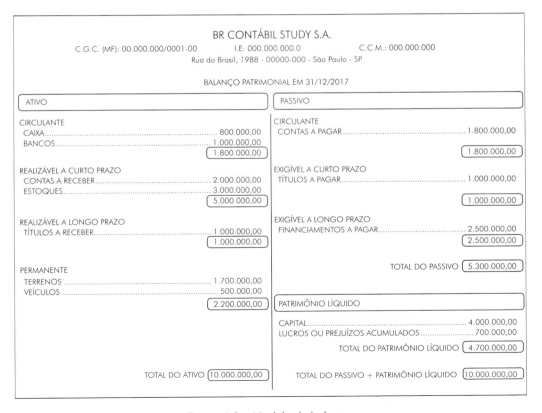

Figura 6.3 – **Modelo de balanço.**

Ativo

As contas do Ativo que aparecem do lado esquerdo do balanço representam os bens e os direitos pertencentes à empresa expressos em moeda corrente.

- **Ativo Circulante**: valores disponíveis em moeda.
- **Realizável a curto prazo**: bens e direitos que podem ser convertidos em moeda em até 30 dias.
- **Realizável a longo prazo**: bens e direitos que podem ser convertidos em dinheiro acima de 30 dias.
- **Ativo Permanente**: bens (imóveis, equipamentos, veículos, móveis e utensílios, investimentos em ações etc.) os quais não se pretende converter em moeda.

As contas do Ativo também representam a aplicação dos recursos existentes na empresa.

Passivo

As contas do Passivo que aparecem do lado direito do balanço representam as obrigações (dívidas) da empresa com terceiros.

- **Passivo Circulante**: dívidas que deverão ser quitadas em até 30 dias.
- **Exigível de curto prazo**: dívidas que deverão ser quitadas em até 1 ano.
- **Exigível de longo prazo**: dívidas que deverão ser quitadas em mais de 1 ano.

Patrimônio Líquido

As contas do Patrimônio Líquido representam os investimentos iniciais efetuados na empresa na forma de capital social e os resultados acumulados nos exercícios (lucros ou prejuízos acumulados).

A soma das contas do Passivo e do Patrimônio Líquido representam a origem dos recursos aplicados na empresa e, portanto, devem apresentar o mesmo resultado da soma das contas do Ativo.

 Fique de olho

> Iniciamos os conhecimentos sobre contabilidade fiscal e gerencial, desenvolvendo modelos contábeis utilizados por todas as empresas e considerados uma das mais importantes ferramentas administrativas de controle. A contabilidade, se integrada com todos os processos existentes na empresa, nos fornece total controle sobre as finanças e operações realizadas.

> Dica
>
> Para pesquisar mais sobre o assunto, consulte os sites <www.planalto.gov.br/ccivil_03> e <www.cfc.org.br/legislacao/leis/>. Acesso em: 4 dez. 2017.

6.2 Introdução à gestão de custos

6.2.1 Princípios fundamentais da contabilidade aplicados em custos

A contabilidade de custos é uma ferramenta administrativa financeira de planejamento, orçamento, controle e avaliação de desempenho derivada da contabilidade financeira, voltada exclusivamente a análise interna de custos e despesas realizados pela empresa para realizar suas operações e negócios.

A contabilidade de custos centra sua atenção nos processos produtivos e administrativos, bem como na classificação e composição dos gastos envolvidos na execução dos processos de trabalho e nos resultados obtidos nas atividades.

Trata-se de uma ferramenta de análise contábil elaborada através de sistemas informatizados integrados com todas as áreas da empresa que utilizam as informações contábeis através de um sistema de codificação e classificação chamado centros de custos, de forma a permitir a alocação e determinar os custos setoriais e operacionais em uma empresa nas atividades administrativas, comerciais e industriais.

- Dentro das despesas administrativas incluem-se também as despesas de armazenagem e distribuição.
- Às despesas administrativas de vendas são incluídos os custos financeiros e tributários.
- Na contabilidade de custos industriais, é utilizada a composição dos custos dos processos de elaboração e transformação até o produto acabado, de forma a obter o custo total de produção e unitário dos produtos.

O sistema de apuração de lucro ou prejuízo é elaborado com base no seguinte cálculo:

$ Vendas
(-) custo das mercadorias vendidas ou custo de fabricação
(=) lucro bruto
(-) despesas administrativas incluindo armazenagem e distribuição
(-) despesas comerciais incluindo tributárias
(-) despesas financeiras
(=) lucro/prejuízo

Os mesmos princípios contábeis aplicados nas contabilidades fiscal e gerencial também são aplicáveis na contabilidade de custos.

Para calcular o custo das mercadorias vendidas com base em nas variações de volume de estoques, utiliza-se a seguinte equação:

$$CMV = Ei + Cp - Ef$$

Em que:

Ei = corresponde ao estoque inicial;

Cp = corresponde às compras efetuadas; e

Ef = corresponde ao estoque final.

Esse tipo de cálculo é muito utilizado em empresas de comércio, porém serve apenas como referencial, pois deve-se considerar ainda os custos administrativos, comerciais, financeiros e tributários não compensáveis.

Os custos de produção ou de fabricação exigem mais critérios e técnicas de apuração adequados a cada modelo de processo e são calculados:

Custos Totais de Produção = Custos Diretos de Produção + Custos Indiretos de Produção

Assim, utilizando-se esse sistema de classificação, torna-se possível analisar e elaborar controles de gastos mais eficientes no planejamento e controle de produção.

6.2.2 Conceitos e denominações utilizadas pela contabilidade de custos

A necessidade de nos habituarmos com as denominações utilizadas na contabilidade de custos é muito importante para fins de compreensão dos conceitos apresentados a seguir.

Gastos

- Valores disperdidos incialmente para aquisição de um Ativo (bens móveis, imobilizado, materiais).

- Valor dispendico com consumo direto (água, luz etc.).

Investimentos

- Valores dispendidos na aquisição de Ativos que durante sua vida útil proporcionarão ganhos futuros. Exemplo: gastos com máquinas e equipamentos de produção.

Desembolso

- Valor utilizado para pagamento de um serviço ou da aquisição de um bem.

Perdas

- Normais: sobras ocorridas durante o processo produtivo (fazem parte do custo de produção).
- Anormais: provenientes de erros no processo produção, acidentes, erros humanos etc. (não são consideradas nem custos e nem despesas).

Receita

- É a entrada de elementos para o Ativo sob forma de dinheiro ou de direitos a receber, correspondente, em geral, a operações comerciais.

Ganho

- É resultado líquido favorável resultante de transações ou eventos não relacionados às operações comerciais normais da empresa.

Lucro ou prejuízo

- A diferença entre a apuração de receita menos as despesas, custos, ganhos e perdas, quando positivas, representam lucro; quando negativas, representam prejuízos.

Custeio

- É o método utilizado para apropriar os custos, diretos e indiretos, aos produtos.

> Observação
>
> Apesar de as pessoas utilizarem as expressões "custos" e "despesas" como sinônimas, elas não são; ambas possuem significado próprio, assim como investimentos, gastos, perdas e outros. Dessa forma, podemos concluir que a utilização das expressões da forma correta permite o perfeito entendimento dos fatos e a comunicação com os interessados.

6.2.3 Objetivos da contabilidade de custos

Desenvolvida inicialmente para ser uma ferramenta para apropriar adequadamente os custos para os sistemas contábeis baseados nos princípios contábeis, a contabilidade de custos hoje é uma das mais importantes ferramentas da administração financeira e gerencial, de forma a permitir:

1. Planejamento
   1.1. Controle Gerencial:
       1.1.1. Formação do preço de venda.
       1.1.2. Obtenção de dados para orçamentos.
       1.1.3. Análise de alternativas.
       1.1.4. Produzir internamente ou terceirizar a produção.
   1.2. Atender a exigências ficais.
   1.3. Determinação do resultado.
2. Controle operacional:
   2.1. Tomadas de decisões sobre o que, quando e onde produzir.
   2.2. Avaliação do desempenho.
   2.3. Previsões de custos e despesas.
   2.4. Avaliar e determinar níveis de estoques.

6.2.4 Legislação brasileira

Para atender às necessidades fiscais, é necessário atentar para a legislação brasileira, em especial no que trata a Lei n.º 6.404/1976, sobre controle de materiais e estoques.

A legislação oficializa um dos princípios contábeis – o custo como base de valor –, regulamentando os procedimentos e condições para aplicá-lo.

Dessa forma, podemos definir que:

1. A contabilização dos estoques deve ser realizada pelo custo de aquisição e de produção dos Ativos.

2. A redução do valor desses Ativos só pode ocorrer nas seguintes condições:

   2.1 Em virtude da redução do seu valor recuperável (preço de venda), por obsolescência e desvalorização no preço de mercado.

   2.2 O valor dos estoques deve ser mantido pelo custo de aquisição e de produção efetuando-se um lançamento contábil adequado para realizar a correção.

6.2.5 Finalidades da contabilidade de custos

A contabilidade de custos deve atender às necessidades específicas das empresas de seu planejamento, objetivos, finalidades e resultados previstos nos negócios.

Finalidade contábil

A estrutura de custos elaborada no planejamento empresarial deve atender também às necessidades e aos princípios contábeis de forma que os resultados apurados possam ser legalmente utilizados.

Finalidade administrativa

Os administradores necessitam de muitas informações que atendam, colaborem e facilitem sua atividade principal, que é de elaborar estratégias e tomar decisões assertivas que ajudem a empresa a manter seu desempenho produtivo e qualitativo positivo.

Finalidade gerencial

O sistema de custeamento tem como uma de suas principais finalidades fornecer informações que possam subsidiar a gerência de produção na manutenção e planejamento dos sistemas produtivos de curto e médio prazos:

- Evitando distorções de valores.
- Analisando níveis de eficiência da produção.
- Avaliando os níveis de qualidade atingidos.
- Base de orientação para efetuar medidas de correções.

Os dados do sistema de custeamento também permitem estabelecer os preços de vendas a serem praticados e analisar o nível de competitividade dos produtos em relação aos mercados em que a empresa estiver atuando, facilitando a elaboração de cálculos de Custos das Mercadoria e Produtos Vendidos (CMV).

6.2.6 Elaborando e codificando um sistema de contas de custos e receita

Estrutura de codificação de nove dígitos: 000.000.000

Em que:

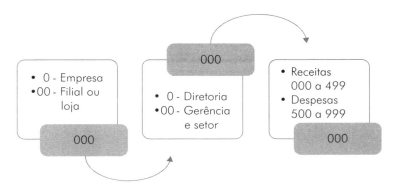

Figura 6.4 – Estrutura de codificação de sistema de contas.

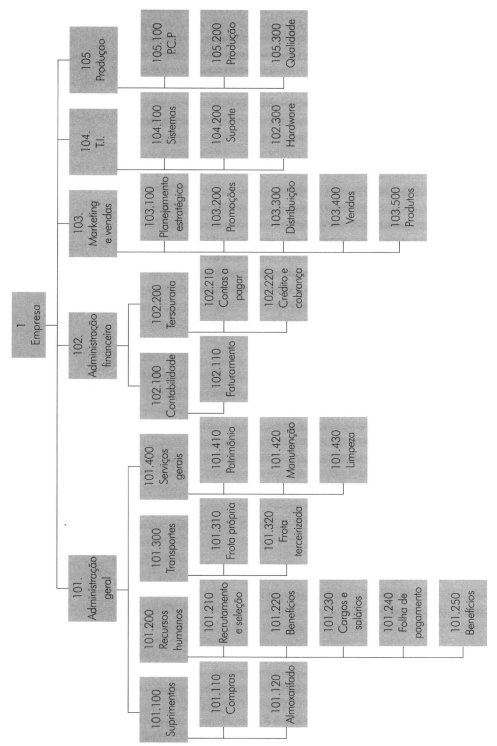

Figura 6.5 – **Aplicação em um organograma.**

6.2.6.1 Diferença contábil entre custos e despesas

Custos

Os custos são os gastos relativos a bens materiais, mão de obra e serviços empregados na produção de outros bens ou serviços produzidos pela empresa, como:

- matérias-primas;
- embalagens;
- mão de obra operacional;
- instalações das fábricas;
- aluguéis;
- seguros industriais;
- outros ligados à produção.

Despesas

As despesas são os gastos efetuados pelas empresas para obtenção de receitas.

Esses gastos não têm relação com a produção de bens e serviços, mas são considerados necessários para que a empresa possa atingir suas metas mercadológicas. Esses gastos correspondem a salários de vendedores, funcionários administrativos, pagamento de juros, impostos sobres as vendas etc.

Custos, despesas, preços e lucros

De forma geral, a contabilidade de custos contribui na demonstração da influência dos custos e despesas nos resultados de uma empresa, conforme apresentado a seguir:

DEMONSTRAÇÃO DO RESULTADO DO EXERCÍCIO

+ Receitas
− (CPV) Custos de produção/transformação ou custo do produto vendido
− (CMV) Custos de aquisição ou custos da mercadoria vendida
− Despesas (administrativas, logística, tributária (impostos))
= Crédito (lucro ou prejuízo)

Equação de lucro ou prejuízo em R$

$$L = R - C - D$$

Equação de lucro ou prejuízo unitário em R$

$$L_{un} = R_{un} - C_{un} - D_{un}$$

Margem percentual

$$L_{un\%} = L_{un} : R_{un}$$

Classificação dos custos

A classificação dos custos diz respeito aos gastos associados à produção e a forma como foram aplicados.

Essas aplicações são classificadas em:

- Diretos

  Materiais e mão de obra utilizados diretamente no processo de fabricação do produto e que podem ser perfeitamente identificados e quantificados.

  Matéria-prima.

  Mão de obra.

  Energia.

- Indiretos

  Custos identificados, mas que necessitam de algum critério de rateio (distribuição de valores) para que possam ser quantificados antes de serem integrados aos custos dos produtos.

  Mão de obra indiretamente utilizada na área industrial (gerentes, supervisores, pessoal de limpeza e manutenção industrial).

  Aluguéis.

  Água.

  Luz.

  Uma parte dos gastos podem ser atribuídos à administração, o que corresponde a despesas, e outra parte pode ser atribuída para a fábrica, o que corresponde a custos.

- De conversão

  Corresponde a valores mensuráveis que podem ser agregados aos produtos e são referentes aos gastos com esforço de transformação dos materiais na obtenção de um novo produto.

  Mão de obra direta e indireta.

  Custos indiretos.

  Ferramentas empregadas e consumidas no processo.

  Embalagens e outros produtos adquiridos de terceiros.

Outra classificação dos custos diz respeito à forma em relação à produção.

- Fixos

  Referem-se a gastos que, independentemente de os volumes de produção aumentarem, diminuírem ou inexistirem, permanecerão os mesmos, não sofrendo variação.

  Exemplo: aluguéis.

- Variáveis

  Referem-se a gastos diretamente ligados à produção e que sofrem variação em função do volume produzido.

  Exemplo: matérias-primas e embalagens.

- Semifixos

  Referem-se a gastos que normalmente são considerados custos fixos, e em determinado volume da produção passam a ser variáveis.

  Exemplo: os salários dos funcionários da produção quando trabalham em turnos extras.

- Semivariáveis

  Referem-se aos gastos que não acompanham a evolução da produção de forma linear, mas reagem apenas às grandes oscilações de volume e mantêm-se fixos em volumes normais.

  Exemplo: normalmente referem-se a demanda por contrato que, quando ultrapassa o limite contratado, sofre um reajuste. Muito comum de acontecer em alguns contratos de transmissão de dados por parte de operadoras.

As variações das despesas são mensuradas em relação aos volumes de vendas e de modo semelhante às variações dos custos.

- Despesas fixas

  Gastos que não variam em relação ao volume de vendas.

  Exemplo: aluguel de uma loja.

- Despesas variáveis

  Gastos que variam de acordo com o volume de vendas.

  Exemplo: pagamento de comissões.

Os custos e despesas também podem ser classificados pela propriedade que oferecem de serem gerenciadas internamente ou não como:

- Controláveis

  Seus volumes podem ser controlados e limitados dentro da administração da empresa.

  Exemplo: volume de cópias da copiadora e papel.

- Não controláveis

  Quando seus valores não podem ser controlados internamente na administração da empresa.

  Exemplo: reajustes de aluguel em função do mercado.

Os custos em relação às atividades gerenciais para tomadas de decisões podem ser classificados em:

- Incrementais ou marginais

  Custos em que se incorre em virtude de uma decisão estratégica ou comercial.

- De oportunidade

  Custos em que se incorre por livre escolha em busca de novas alternativas.

- Evitáveis

  Custos que podem ser eliminados com a mudança ou eliminação de atividades.

- Inevitáveis

  Custos que continuarão existindo independentemente das ações tomadas.

- Empatados

  Custos já efetuados e irrecuperáveis e que não afetam as decisões futuras.

Os custos em relação às atividades de análises financeiras da empresa podem ser classificados como:

- Históricos

  Custos referente a valores originais e referenciais utilizados no passado.

- Históricos corrigidos

  Custos referente a valores originais e referenciais utilizados no passado corrigidos monetariamente.

- Correntes

  Custos necessários para repor Ativos.

- Estimados

  Custos previstos para o futuro.

- Padrão

  Custo avaliado como ideal para as operações mediante implementações de novas metodologia e melhorias técnicas.

- Objetivo

  Representam metas de valores a serem obtidos no futuro.

6.2.7 Sistemas de custeio

A forma e metodologia que as empresas utilizarão para registrar, transferir e apurar internamente também podem receber classificações específicas.

Quadro 6.2 – Classificação

Ordem específica
Ocorrem somente quando são emitidas as ordens de produção, identificando materiais e volumes necessários.
Normalmente utilizados em produção encomenda ou lotes.

Processo
Ocorre em sistemas de produções contínuas em que não existem variações de materiais e volume constantes.

Por absorção
Ocorre somente quando custos indiretos são transferidos aos produtos ou serviços.

Direto
Quando incorporamos aos cálculos dos produtos e serviços apenas os custos diretos que estão associados de forma clara aos produtos.

Pós-calculados
Quando os cálculos dos custos são apurados no final do período.

Pré-calculados
Quando os custos industriais são predeterminados e alocados aos produtos com base em produções anteriores.

Padrão
Representa o custo predeterminado de forma cientificamente com base no desempenho efetivo.

6.3 Elementos de custos

Qualquer empresa tem, basicamente, sua *performance* afetada pelo resultado entre aquilo que recebe e aquilo que gasta. Aquilo que ela recebe são as receitas auferidas, e aquilo que ela gasta podem ser custos (diretos ou indiretos) ou despesas incorridas.

Os custos são os aspectos que merecem maior atenção, e por isso mesmo vamos descrevê-los com maior detalhamento.

Os custos diretos são facilmente associados aos produtos fabricados; isso é até intuitivo. Já os custos indiretos são rateados, ou seja, somente uma parcela deles é associada ao produto fabricado.

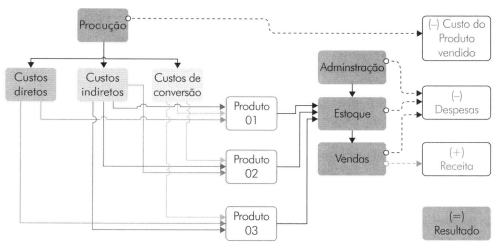

Figura 6.6 – **Representação esquemática dos elementos de custos.**

Os custos da produção podem ser decompostos da seguinte forma:

Material direto (MD)

É todo o material utilizado diretamente na fabricação de um produto. O material direto pode estar tanto (i) naqueles materiais que estão sendo fabricados quanto (ii) naqueles materiais que saem da fábrica incorporados ao produto.

Mão de obra direta (MOD)

Na produção, há profissionais atuando dedicadamente na produção de determinada unidade. É o salário desses profissionais que é identificado como "mão de obra direta".

Custos indiretos de fabricação (CIF)

Os custos indiretos de fabricação são aqueles custos que, mesmo estando relacionados à produção, não estão relacionados a uma unidade em especial. Por exemplo, aluguel da planta, energia elétrica, seguro etc.

Despesas diversas

Além dos custos, a empresa incorre em outros gastos que, apesar de significativos, não são classificados como custos e não podem ser alocados ao produto final. São denominados despesas diversas.

Por exemplo, salários de pessoal administrativo, água e energia elétrica do escritório, despesas de marketing etc.

Simplificando, podemos colocar da seguinte maneira:

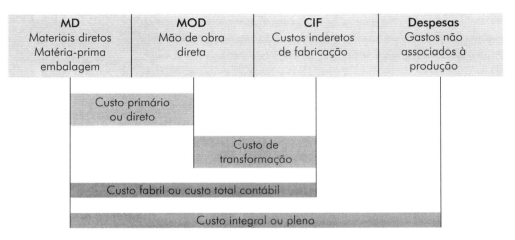

Figura 6.7 – Elementos de custos.

Cálculos de custo de produção

- Matéria-prima.
- Horas de preparação.
- Peças e serviços/hora.
- Hora-homem.
- Hora-máquina.

Despesas

1. Despesas administrativas
   - Salários.
   - Agua.
   - Luz.
   - Aluguéis.
   - Suprimentos de escritório.

2. Despesas de vendas
   - Comissões.
   - Aluguéis de lojas.
   - Água.
   - Luz.

   2.1 Com Impostos:
      - Natureza.
      - Prazos.
      - ICMS – Imposto de Circulação de Mercadorias e Prestação de Serviços.

- IPI – Imposto sobre Produtos Industrializados.
- ISS – Imposto Sobre Serviços de Qualquer Natureza.
- Cofins – Contribuição para o Financiamento da Seguridade Social.
- IRRF – Imposto de Renda Retido na Fonte.

Fique de olho

Foram apresentados os métodos de apuração de custos e despesas, outra importante ferramenta administrativa que nos permite controlar as despesas em todos os níveis da organização.

Dica

Para mais informações sobre o assunto, consulte: <www.planalto.gov.br/ccivil_03> e <www.cfc.org.br/legislacao/leis/>. Acesso em: 4 dez. 2017.

6.4 Sistema Financeiro Nacional

O Sistema Financeiro Nacional é o conjunto dos instrumentos e instituições financeiras responsável por unir os agentes econômicos, sejam estes as pessoas, as empresas, ou o Governo, interessados em efetuar alguma transferência econômica. Essa transferência ocorre porque alguns desses agentes possuem um superávit e, assim, oferecem este para aqueles que se encontram com algum déficit. Nessa situação, o Sistema Financeiro Nacional age como intermediador.

- O agente econômico que possui superávit em seu orçamento é aquele que tem sobra de recursos, e, assim, procura oportunidades para investir essa sobra.
- O agente econômico que apresenta déficit orçamentário é aquele que necessita de recursos, seja para fazer frente a compromissos já assumidos ou para investimentos, e então busca quem tenha esses recursos para oferecer.

Esses agentes são regidos pelas seguintes leis:

- Lei de Reforma Bancária (Lei n.º 4.595/1964).
- Lei do Mercado de Capitais (Lei n.º 4.728/1965).

Em breve, essa estrutura deverá ser alterada face às alterações financeiras que já começaram a ocorrer com a introdução de novos sistemas de negociação e a introdução das moedas eletrônicas, ou criptomoedas, que muito rapidamente se tornarão relevantes economicamente merecendo controle e regulamentação por parte dos governos.

Hoje já existem aproximadamente 80 tipos de moedas eletrônicas que concorrem entre si pelo domínio do mercado.

A seguir, relacionamos algumas das mais conhecidas no mercado somente como ilustração sobre o tema:

- Bitcoin.
- Feathercoin.
- Peercoin.

- Terracoin.
- Freicon.
- PhoenixCoin.

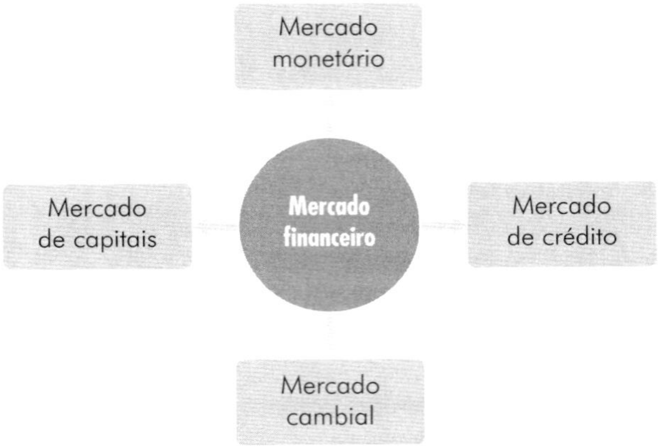

Figura 6.8 – Mercado financeiro.

Mercado monetário

Também chamado de mercado de moeda, o mercado monetário é formado por aquelas instituições do mercado financeiro que dispõem de excedente monetário e queiram emprestar esses recursos em troca de remuneração (juros), e pelos agentes que buscam o empréstimo de recursos, resultando em um fluxo de moeda no curto prazo, curtíssimo prazo e à vista. É aí que se dá a definição dos prazos. É também a negociação de títulos que acontece no mercado monetário que cria um parâmetro médio para a definição das taxas de juros do mercado.

Mercado de crédito

O mercado de crédito é uma parte do sistema financeiro na qual se dá a tomada e concessão de crédito. O processo envolve sempre duas partes (uma devedora e uma credora), e estas celebram um contrato, no qual a parte credora concede os recursos à outra mediante o pagamento de um prêmio, que são os juros. Esse contrato pode ser formal ou informal. A parte devedora oferece um bem à parte credora, que é a moeda fiduciária ou escritural.

Mercado de capitais

O mercado de capitais é constituído pelas bolsas de valores, corretoras, bem como demais instituições financeiras autorizadas. É um sistema para a distribuição de valores mobiliários que darão liquidez aos títulos emitidos por empresas, colaborando no processo de capitalização destas. Os títulos mobiliários representam o capital social das empresas (ações), ou também empréstimos que as empresas tomaram no mercado (debêntures). Estas últimas são conversíveis em ações, bônus de subscrição e outros papéis comerciais. Esse sistema resulta na circulação de capital e em boa parte custeia o desenvolvimento econômico.

Mercado de câmbio

É regulamentado e fiscalizado pelo Banco Central e engloba a compra e venda de moeda estrangeira, as operações em moeda nacional entre aqueles com residência, domicílio ou sede no Brasil e os residentes, domiciliados ou com sede no exterior, e as operações envolvendo ouro, através de instituições autorizadas. Também as operações utilizando cartões de crédito internacional, vales e reembolsos postais internacionais são executadas através do mercado de câmbio.

O mercado paralelo e suas transações são atividades ilegais.

6.4.1 Como funciona o Sistema Financeiro Nacional

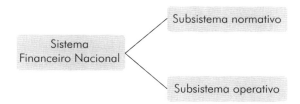

Figura 6.9 – Sistema Financeiro Nacional.

6.4.2 Conselho Monetário Nacional

Figura 6.10 – Conselho Monetário Nacional.

Finalidade principal

O Conselho Monetário Nacional (CMN) é responsável pela formulação de toda política de moeda e do crédito, com a finalidade de atender aos interesses econômicos e sociais do país. Essa finalidade pode ser vista nos seguintes tópicos, de acordo com o Banco Central do Brasil.

- Fixar diretrizes e as normas da política cambial.
- Regulamentar as operações de câmbio.
- Controlar a paridade da moeda e o equilíbrio da Balança de Pagamentos.
- Regulamentar as taxas de juros.
- Regular a constituição e o funcionamento das instituições financeiras.
- Fixar índices de encaixe, capital mínimo e normas de contabilização.
- Acionar medidas de prevenção ou correção de desequilíbrios.
- Disciplinar o crédito e orientar na aplicação dos recursos.
- Regular as operações de redesconto e as operações no mercado aberto. (BANCO CENTRAL DO BRASIL).

Banco Central do Brasil

São funções do Banco Central do Brasil:

- Executar a política monetária.
- Autoridade supervisora.
- Banco emissor.
- Banco dos bancos.
- Banco do governo.

Comissão de Valores Mobiliários

É responsável pelas seguintes funções, de acordo com Banco Central do Brasil:

- Incentivar a poupança no mercado acionário.
- Estimular o funcionamento das bolsas de valores e das instituições operadoras do mercado acionário.
- Assegurar a lisura nas operações de compra/venda de valores mobiliários.
- Promover a expansão dos negócios do mercado acionário.
- Proteger aos investidores do mercado acionário. (BANCO CENTRAL DO BRASIL)

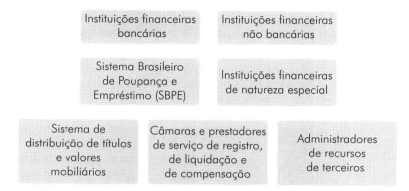

Figura 6.11 – Sistema Financeiro Nacional – subsistema operativo.

Instituições financeiras bancárias

Somente as instituições financeiras bancárias podem captar recursos juntos ao público na forma de depósito à vista. São também denominados "bancos de varejo".

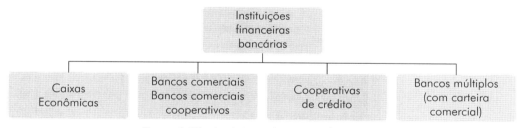

Figura 6.12 – Instituições financeiras bancárias.

Instituições financeiras não bancárias

Estas instituições não possuem autorização para captar recursos juntos ao público sob a forma de depósito à vista. Esses bancos atuam nas seguintes áreas:

- Investimentos em títulos e ações.
- Financiamento de bens móveis e imóveis.
- Troca de moeda (câmbio).
- Arrendamento mercantil (locação financeira) que adquirem um bem específico para o arrendatário interessado e o alugam para este com direito à opção de compra ao final do término do contrato.
- Hipotecárias realizam empréstimos e financiamentos utilizando bens móveis e imóveis como garantia.
- Fomento – realizam empréstimos a juros subsidiados para instalação de novas empresas e geração de empregos.

- Sociedades de crédito ao microempreendedor – financiam pequenas operações de abertura de micro e pequenas empresas.

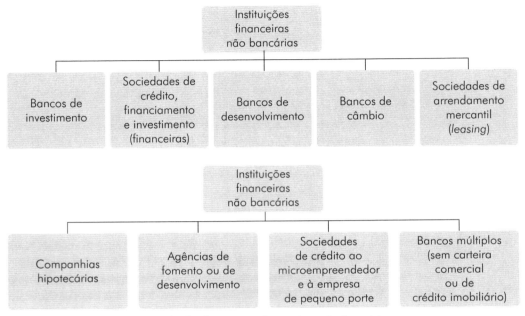

Figura 6.13 – Instituições financeiras não bancárias.

Instituições financeiras de natureza especial

Tratam-se de bancos públicos para fomento, ou seja, dispõem de linhas de crédito especiais a juros subsidiados para financiar a instalação de grandes empresas e obras de infraestrutura necessárias para o desenvolvimento nacional ou regional.

Figura 6.14 – Instituições financeiras de natureza especial.

Sistema Brasileiro de Poupança e Empréstimo (SBPE)

A captação de recursos baseia-se, principalmente, nas cadernetas de poupança e nos fundos provenientes do FGTS.

Figura 6.15 – Sistema Brasileiro de Poupança e Empréstimo.

Sistema de Distribuição de Títulos e Valores Mobiliários

As corretoras de títulos e valores mobiliários (CTVM) e as distribuidoras de títulos e valores mobiliários (DTVM) são as responsáveis por intermediar, nos mercados financeiro e de capitais e cambial, a negociação de títulos e valores mobiliários entre investidores e tomadores de recursos.

É importante salientar que, se um dado título for considerado valor mobiliário, este deve obedecer às regras e se sujeitar à fiscalização da Comissão de Valores Mobiliários.

Figura 6.16 – Sistema de Distribuição de Títulos e Valores Mobiliários.

Câmaras e prestadores de serviço de registro, liquidação e compensação

O Sistema de Pagamentos Brasileiro (SPB) tem como finalidade garantir a entrega dos Ativos e o seu correspondente pagamento, a fim de reduzir os riscos das operações e garantir a segurança do sistema como um todo. As câmaras de compensação e liquidação de títulos e valores mobiliários integram o SPB e seguem suas normas e regras operacionais.

Figura 6.17 – Sistema de Pagamentos Brasileiro.

Administração de recursos de terceiros

A administração de recursos de terceiros, dentro do âmbito do Sistema Financeiro Nacional, relaciona-se às atividades que estejam ligadas (direta ou indiretamente) ao gerenciamento de uma carteira de ativos financeiros e mobiliários que seja gerida por entidades administradoras. Inclui-se aí o funcionamento, manutenção e gestão dessa carteira.

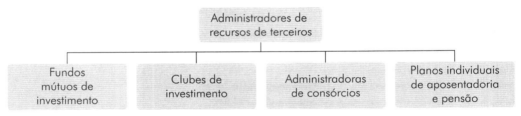

Figura 6.18 – Administradores de recursos de terceiros.

Sistema de seguros, de capitalização e de previdência privada

O Sistema Nacional de Seguros Privados do Brasil (SNSP) é parte do Sistema Financeiro Nacional. É formado por órgãos de regulação e instituições operadoras públicas e privadas, atuando no mercado de seguros, capitalização e previdência complementar aberta.

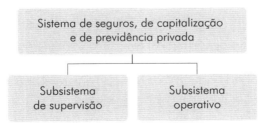

Figura 6.19 – Sistema de seguros, capitalização e previdência privada.

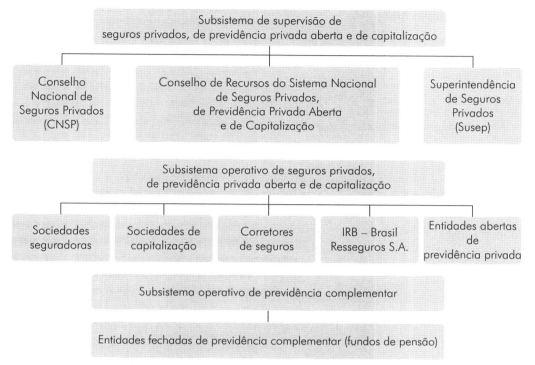

Figura 6.20 – Sistemas de seguros privados, previdência e capitalização.

Figura 6.21 – Serviços financeiros não regulamentados.

6.4.3 Termos técnicos utilizados no Sistema Financeiro Nacional

Produto Interno Bruto (PIB)

Somatória de todas as riquezas produzidas em território nacional, independentemente da nacionalidade das pessoas.

Produto Nacional Bruto (PNB)

Somatória de tudo que é produzido de bens e serviços por empresas brasileiras e outros países (no caso do PIB brasileiro).

Inflação

Aumento do preço de produtos apurados em um determinado período de tempo.

Política cambial

Define a relação entre a moeda nacional (real) e demais moedas (dólar, euro etc.).

Política fiscal

Definição das leis e formas de tributação do capital, produtos e serviços.

Risco Brasil

Estudo que indica as vantagens e desvantagens de investimentos de capital estrangeiro no mercado nacional.

Taxa Selic

Sistema Especial de Liquidação e de Custódia, este índice é a base pela qual se balizam as taxas de juros cobradas pelos bancos no Brasil.

Balança comercial

Diferença entre as importações e exportações de um país.

Superávit comercial

Saldo positivo da balança comercial.

Déficit comercial

Saldo negativo da balança comercial.

Superávit primário

Tudo aquilo que o Governo consegue economizar após o pagamento de suas obrigações, e é destinado ao pagamento de juros das dívidas interna e externa.

Fique de olho

Foi apresentada a estrutura organizacional do mercado financeiro nacional. Conhecer essa estrutura é vital para o empreendedor, pois permite identificar possibilidades de ações para a empresa quando esta se encontrar em situações superavitárias e deficitárias da organização.

 Dica

Para mais informações sobre o SFN, consulte o consulte os sites <www.bcb.gov.br> e <www.cvm.gov.br>. Acesso em: 4 dez. 2017.

6.5 Introdução à organização financeira e tributária

A matemática financeira é uma importante ferramenta utilizada pela administração. Ela permite elencar alternativas possíveis, de forma a identificar a melhor decisão para a empresa obter os recursos financeiros necessários a suas atividades, e assim garantir uma relação dos custos financeiros das operações × benefícios e obter resultados favoráveis ao fluxo de caixa da organização.

Funciona também como forma de aplicar os recursos excedentes, visando melhorar ainda mais o desempenho e resultados financeiros dos negócios.

Definições e termos usualmente utilizados na área financeira:

Agente econômico

É a pessoa física ou jurídica capaz que pratica atos de comércio (compra e venda), empréstimos, financiamentos ou quaisquer outras operações monetárias que afetam e influenciam o mercado e o sistema financeiro como um todo.

Operação financeira

Ato que ocorre entre um credor e um tomador, no qual o credor (aquele que possui capital) transfere esse capital para o tomador, mediante condições e regras previamente estabelecidas.

Capital

O capital (C) não é somente um valor em moeda corrente em uma operação financeira. Pode também ser direitos, desde que estes sejam passíveis de uma expressão monetária.

Tempo (n)

Refere-se ao período de duração (prazos) em que a operação financeira deverá se realizar (início e término).

Juro (J)

Refere-se à remuneração (aluguel) que o tomador paga ao credor pela utilização do capital em um determinado período de tempo.

Juros simples: o juro simples (relativo a cada intervalo) é calculado sempre sobre o capital inicial, seja este capital emprestado ou aplicado.

$$J = C i n$$

Juros compostos: diferente do juro simples, o composto (relativo a cada intervalo) é calculado considerando-se o saldo no início do intervalo, e este valor é incorporado ao novo saldo no final deste período, de forma cumulativa.

$$M = C (1 + i) n$$

Taxa

Refere-se à unidade percentual de referência dos juros aplicados sobre o capital.

Taxa efetiva ou real: é quando se tem o mesmo tempo nos períodos e na unidade de referência. Por exemplo, quando se tem uma taxa de juros anual (9% a.a.) e um período de 1 ano.

$$i = 9\% \text{ a.a.}$$
$$n = 1 \text{ ano}$$

Taxa nominal: é quando os períodos são diferentes. Por exemplo, uma taxa de juros anual e um período expresso em meses.

$$i = 10\% \text{ a.a.}$$
$$n = 6 \text{ meses}$$

Taxas proporcionais: são aqueles valores de taxas que, apesar de nominalmente serem diferentes, quando aplicadas, trazem o mesmo resultado. Por exemplo, uma taxa de 10% a.a. (anual) e uma taxa de 5% a.s. (semestral).

$$i = 10\% \text{ a.a.} = i = 5\% \text{ a.s.}$$

Prestação

É o pagamento feito periódica e continuamente, com a finalidade de amortizar tanto o capital quanto os juros.

Garantias

São aqueles bens e/ou direitos que são oferecidos pelo tomador ao credor para lhe assegurar que a obrigação assumida será cumprida.

Montante (M)

Refere-se à somatória do capital (C) tomado na operação acrescida dos juros (J) acordados para o período.

$$M = C + J$$

Spread

Termo utilizado no sistema bancário para caracterizar a diferença entre os juros pagos pelo banco aos seus clientes e os juros recebidos pelo banco em suas operações de crédito e financiamento. De forma mais genérica, *spread* é o resultado da diferença entre o preço de compra (procura) e venda (oferta) de uma ação, um título ou uma transação monetária.

Valor presente

Também denominado valor atual (VP, VA ou PV), ou método do valor atual, é a fórmula matemático-financeira capaz de determinar o valor presente de pagamentos futuros descontados à taxa de juros contratada.

$$VP = \frac{VF}{(1+i)^n}$$

Valor futuro

O valor futuro é o valor de um fluxo em uma data futura. Para se calcular o valor futuro, devem ser considerados a taxa de desconto, o valor presente e o prazo, ou seja, é o inverso do valor presente.

$$VF = VP \cdot (1+i)^n$$

Financiamento pela Tabela Price

A Tabela Price é uma das formas utilizadas pelas instituições financeiras para calcular o pagamento mensal em financiamentos, desde que as prestações sejam fixas e os juros sejam decrescentes em cada período.

$$P = VP \cdot \left(\frac{i \cdot (1+i)^n}{(1+i)^n - 1} \right)$$

Fluxo de caixa

Fluxo de caixa é uma ferramenta com a qual é possível apontar as entradas e saídas dos recursos financeiros de uma empresa. O resultado prático é verificar o saldo de caixa resultante para o período projetado.

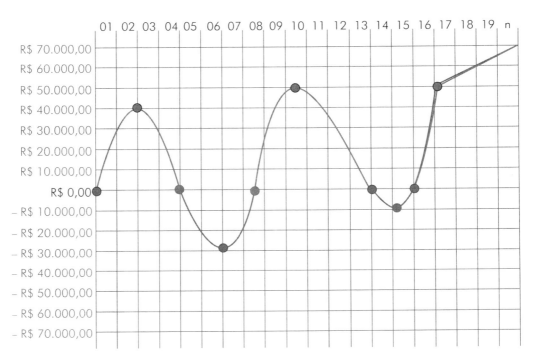

Exemplo:

Nossa empresa efetuou uma venda de R$ 1.200,00 em três parcelas mensais e consecutivas, aplicando juros mensais de 2% a.m. Calcule o valor de cada parcela e o montante a ser recebido utilizando juros simples e juros compostos. Qual é a melhor opção?

Temos então: Capital = C = 1.200,00   Taxa = i = 2% ou 0,02   Período = n = 3 meses

Juros simples = $J = C \cdot i \cdot n$
J = 1.200,00 · 0,02 · 3
J = 1.200,00 · 0,06
J = 72,00 valor dos juros

Juros compostos $M = C(1 + i)^n$
M = 1.200,00 (1 + 0,02)³
M = 1.200,00 · 1,0612
M = 1.273,45 total a ser recebido

Montante = M = C + J
M = 1.200,00 + 72,00
M = 1.272,00 total a ser recebido

A melhor opção, ou seja, a mais lucrativa para a empresa é a aplicação de juros compostos, que nos proporcionará um ganho maior.

Esse ganho pode parecer pouco significativo no exemplo, mas quando tratamos de grandes volumes parcelados, esses valores tornam-se significativos, principalmente em tempos de inflação.

Observe que utilizamos taxa efetiva ou real, ou seja, o período e a taxa de juros estão na mesma base (meses).

- A diretoria de nossa empresa está analisando uma proposta de investimento bancário em renda fixa cujo rendimento mensal é de 21,6% a.a. Também está analisando uma proposta de financiamento para ampliação de nossa unidade fabril em que a taxa de juros cobrada pela construtora é de 4,2% ao trimestre. Com base apenas nessas informações, qual é a melhor decisão a tomar: investir no banco e financiar a obra ou construir com capital próprio? Qual é o *spread* do negócio?

Devemos observar que estamos utilizando taxa nominal, ou seja, a taxa de investimentos e a taxa de juros não estão na mesma base (uma está em anos e outra está ao trimestre). Assim, devemos colocá-las na mesma base.

$$\text{Investimento} = 21,6\%\ a.a. = 1,8\%\ a.m.$$
$$\text{Juros} = 4,2\%\ a.t. = 1,4\%\ a.m.$$

Assim, com base *apenas* nessas informações, podemos concluir que é mais vantajoso para a empresa efetuar o investimento em renda fixa e pagar a construção de forma parcelada.

O *spread* do negócio será de 0,4% a.m. favorável ao caixa da empresa.

Nossa empresa possui um financiamento o qual desejaria quitar. Sabemos que faltam 15 parcelas fixas de R$ 1.800,00 e que a taxa de juros contratada foi de 2% a.m. Qual o valor a ser desembolsado para quitar essa dívida antecipadamente?

Trazendo para o valor presente, temos:

$$VP = \frac{VF}{(1+i)^n}$$

$$VP = \frac{1.800,00 \cdot 15}{(1+0,02)^{15}} = VP = \frac{27.000,00}{(1,02)^{15}} = VP = \frac{27.000,00}{1,0204} =$$

$$VP = 26.460,21$$

Tributos

"Toda prestação pecuniária, compulsória, em moeda ou cujo valor nela se possa exprimir, que não constitua sanção de ato ilícito, instituída em lei e cobrada mediante atividade administrativa plenamente vinculada" (CTN, art. 3º).

Os tributos são os impostos, taxas e contribuições pagos pelas pessoas físicas e jurídicas aos governos federal, estadual e municipal. Esses valores devem ser utilizados pelos governos para cobrir atividades visando o bem comum.

- **Imposto:** o valor arrecadado pelo governo, a título de impostos, tem como finalidade as necessidades públicas, ou seja, o governo não é obrigado a retribuir diretamente quem efetuou o pagamento.

- **Taxa:** a taxa está vinculada a uma atividade estatal específica entre o agente arrecadador e o contribuinte. Por exemplo, a coleta de lixo.

- **Contribuição:** a contribuição é uma forma de intervenção do Estado sobre o domínio econômico privado, visando atender a uma situação específica de interesse social ou econômico. Por exemplo, a Contribuição Social sobre o Lucro Líquido (CSLL), destinada ao financiamento da Seguridade Social, e a CMPF, destinada à saúde pública.

Os principais impostos brasileiros são:

Federais

- IR: Imposto de Renda.
- IPI: Imposto sobre Produtos Industrializados.
- IOF: Imposto sobre Operações Financeiras.
- PIS: Programa de Integração Social.
- Cofins: Contribuição para o Financiamento da Seguridade Social.

Estaduais

- ICMS: Imposto sobre Circulação de Mercadorias e Serviços.
- IPVA: Imposto sobre Propriedade de Veículos Automotores.

Municipais

- IPTU: Imposto sobre a Propriedade Predial Territorial e Urbana.
- ISS: Imposto sobre Serviços.

Fato gerador

O fato gerador é um evento que dá início a uma obrigação tributária. Ou seja, o momento em que um negócio é praticado e cuja realização resultará em um imposto, taxa ou contribuição.

Por exemplo, em uma relação comercial cotidiana, o fato gerador se dá com a emissão da nota ou cupom fiscal.

Alíquota

A alíquota pode ser um valor fixo ou um percentual. No caso de um valor fixo, ocorre usualmente em tributos, como empréstimo compulsório, taxas e contribuição de melhoria. Nesse caso, o valor é aplicado sobre a base de cálculo, para o cálculo do valor de um tributo. Isso acontece quando a base de cálculo for uma unidade não monetária.

A alíquota é um percentual quando a base de cálculo for um valor econômico. São usadas mais comumente em impostos.

Prazos de recolhimento dos impostos

Os governos federal, estadual e municipal definem seus prazos de recolhimento de impostos, os quais podem variar, dependendo da unidade federativa.

Veja, no Quadro 6.3, alguns prazos para recolhimento dos principais impostos:

Quadro 6.3 – Prazos para recolhimento

Imposto	Prazo para Recolhimento
IRRF (Imposto de Renda Retido na Fonte)	Dia 20 de cada mês
IPI (Imposto Sobre Produtos Industrializados)	Dia 25 de cada mês
PIS e Cofins	Dia 25 de cada mês
IRRF e contribuições previdenciárias	Dia 20 de cada mês

Fique de olho

Neste capítulo, conhecemos os conceitos, termos e cálculos mais utilizados no mercado financeiro, além de expressões econômicas que nos ajudam a entender o dia a dia do mercado financeiro e dos conceitos de tributos que impactam diretamente e indiretamente a fluidez financeira da organização.

Dica

Para mais informações sobre incidência de tributos sobre os produtos, consulte o portal da Receita Federal: < http://idg.receita.fazenda.gov.br>. Acesso em: 4 dez. 2017.

Capítulo 7

MARKETING

7.1 Conceitos de marketing

Quando falamos em marketing, é muito comum pensarmos em propaganda e vendas. Mas há muito mais do que isso: marketing significa ter a visão focada para estudar e planejar ações voltadas para o mercado.

Quando dizemos que uma empresa fará uma ação de marketing, logo relacionamos essa ação a uma campanha promocional ou de vendas. Porém, uma ação de marketing deve estar voltada para o estudo e planejamento das necessidades do mercado.

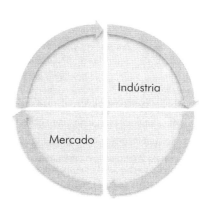

Figura 7.1 – Indústria e mercado alheios uns aos outros.

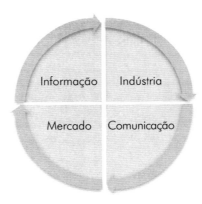

Figura 7.2 – A indústria se comunicando com o mercado, e o mercado retornando informações.

Quando nos comunicamos com o mercado de forma apropriada e aprendemos a ouvir e interpretar as informações que nos sãos retornadas, aproximamos cada vez mais nossos produtos e serviços desses consumidores em potencial, pois iremos planejar e projetar aqueles produtos e/ou serviços que estejam em linha com as expectativas do mercado, ou ainda, que sejam capazes de suprir necessidades que o mercado nem tenha ainda sinalizado, mas que quando oferecidas sejam prontamente aceitas.

Figura 7.3 – A informação do mercado.

Assim, podemos afirmar que marketing não é apenas informar para o mercado-alvo o que você faz, mas, sim, o conjunto das ações que você toma para aproximar os seus produtos e/ou serviços dos clientes, agregando valores que os tornem mais desejáveis, como produto, preço, promoção e local, onde estes sejam ofertados, de forma a entender e atender às necessidades dos clientes.

Segundo Kotler (1998) existe um Composto Mercadológico que a empresa utiliza para atingir o mercado-alvo, ou **4 Ps**.

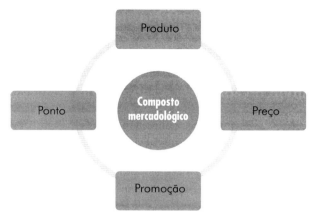

Figura 7.4 – Composto mercadológico: 4Ps.

Produto

Variedade, padrão de qualidade, forma, cor, utilidade, marca, serviços disponíveis, prazo de garantia etc.

Ponto de venda

Localização do ponto, facilidade de acesso (incluindo transporte, facilidade de estacionamento etc.) e existência de estoque suficiente para atender à demanda.

Preço

Lista de preços, valores ou percentuais de descontos, prazos de pagamento etc.

Promoção

Divulgação formatada de acordo com o público que se pretende atingir, promoção com a finalidade de aumentar as vendas, seja para reduzir sazonalidade, reduzir estoque excessivo ou para ter uma venda incremental, por exemplo.

Essas ferramentas devem sempre ser planejadas visando apresentar ao consumidor um benefício, de forma a atraí-lo à aquisição daquele bem e/ou serviço. Somente assim o custo desta campanha/deste trabalho se pagará.

"Marketing é tão básico que não pode ser considerado uma função separada. É o negócio total visto do ponto de vista de seu resultado final, isto é, do ponto de vista do consumidor... O sucesso empresarial não é determinado pelo fabricante, mas pelo consumidor". (DRUCKER, 1995)

7.2 O mercado

7.2.1 Noções de mercado

O conceito de troca leva ao conceito de Mercado. Um mercado consiste de todos os consumidores potenciais que compartilham de uma necessidade ou desejo específicos, dispostos e habilitados para fazer uma troca que satisfaça essa necessidade ou desejo.

Assim, o tamanho do mercado depende do número de pessoas que mostram a necessidade ou desejo, que têm recursos que interessam a outros e estão dispostos e em condição de oferecer esses recursos em troca do que desejam. (KOTLER, 1993)

O processo de troca entre o grupo de produtores/vendedores e os consumidores acontece no ambiente que denominamos de mercado. Esse local de troca, que no passado era geralmente um espaço físico específico e delimitado, como mercado público ou feira, por exemplo, hoje se expandiu e envolve até mesmo o virtual, como o ciberespaço e as compras pela internet. O mercado representa também o conjunto de compradores reais ou potenciais em posição de demandar produtos. (SAMARA; MORSCH, 2005)

7.2.2 Segmentação de mercado

Segundo Kotler (1996), "segmentação de mercado é o ato de dividir um mercado em grupos distintos de compradores com diferentes necessidades e respostas." Lobos (1993, p. 269) concorda com a definição de Kotler e acrescenta: "divisão de mercado em populações de 'clientes' que apresentam certas 'características'. É impossível prestar serviços igualmente excelentes a todos os clientes imagináveis; daí a necessidade de segmentar." Para McCarthy e Perreault (1997), "a segmentação é colocada como um processo de agregação de pessoas com necessidades similares".

Então, a segmentação busca separar um universo em mercados menores (ou seja, "subuniversos") que tenham características semelhantes, capazes de identificá-lo e caracterizá-lo.

A estratégia da segmentação é, ao identificar esses mercados com características semelhantes, permitir que a empresa ajuste o(s) produto(s)/serviço(s) a serem ofertados de acordo com o aspecto que pretenda focar. Note que ao trabalhar com a segmentação de mercado, o foco é o mercado consumidor e não os setores de atividades, o(s) produto(s)/serviço(s), ou os canais de distribuição. O sucesso da segmentação de mercado está na correta definição dos segmentos, bem como do posterior estabelecimento das estratégias competitivas a serem abordadas.

O primeiro passo no trabalho de segmentação de mercado é a escolha do mercado em que se deseja focar. Em seguida, ajustar o produto com a finalidade de que ele atenda especificamente ao público-alvo desse segmento de mercado. O próximo passo é apresentar produto(s) e/ou serviço(s) de uma forma tal que as diferenças existentes sejam claramente identificadas.

Os compradores apresentam necessidades e desejos diferentes, o que significa que um mesmo produto não atrairá todos os tipos de pessoas. Por isso, o comportamento do consumidor deve ser considerado para uma boa segmentação de mercado. O conhecimento do comportamento dos consumidores, de suas motivações de consumo, dos benefícios e vantagens que procuram são fatores determinantes para se segmentar adequadamente o mercado.

Para conhecer e separar esses consumidores em segmentos, o administrador precisa identificar aquelas variárveis nas quais os consumidores são homogêneos. Podem ser características geográficas, socioeconômicas, de personalidade, comportamentais, entre tantas outras. Essas variáveis poderão ainda ser divididas em "subvariáveis" que podem ser empregadas individualmente ou relacionadas umas com as outras.

7.2.3 Posicionamento de mercado

Segundo Kotler (1993), posicionamento de mercado é "a ação de projetar o produto e a imagem da organização, com o fim de ocupar uma posição diferenciada na escolha de seu público-alvo".

Colocando em termos matemáticos, pode-se transformar o posicionamento na seguinte fórmula:

$$Segmentação + Diferenciação = Posicionamento$$

Ou seja, o posicionamento é altamente dependente da diferenciação; esta, por sua vez, é impulsionada pelo grau de destaque da imagem da empresa.

Para se conseguir um posicionamento adequado, devemos trabalhar em estratégias baseadas na capacidade de diferenciar o produto dentro do mercado. Para chegar a esse posicionamento, podemos listar alguns critérios de segmentação e diferenciação que nos auxiliarão nesta tarefa de criar um posicionamento e identidade para o produto:

- Importância: conectar o produto a um ou mais benefícios que este oferece.

- Lucratividade: deve-se considerar a diferença lucrativa.

- Acessibilidade: o consumidor deve estar disposto a remunerar adicionalmente pela facilidade de acesso.

- Superioridade: vantagem adicional oferecida pelo produto em comparação com outros semelhantes oferecidos pela concorrência.

- Unicidade: o diferencial oferecido é único, não podendo ser cópia ou copiável com facilidade pela concorrência.

- Destaque: a diferença é oferecida de maneira justa.

O posicionamento definido pela empresa deve ser exclusivo seu, a partir de seu portfólio, tipo de negócio e diferenciação identificada como sendo a mais adquada. Esse posicionamento que direcionará os esforços da empresa para o mercado.

É possível ocorrerem erros no posicionamento da empresa no mercado. Assim, é importante a atenção a esses erros, que podem abreviar dramaticamente o tempo de vida do produto.

- Subposicionamento: situação na qual a empresa se posiciona em uma faixa de mercado saturada, seja por que o produto está entrando em fase de obsolescência, concorrência forçando margens extremamente baixas etc.

- Superposicionamento: a empresa está supervalorizando sua imagem, acima do que o mercado está disposto a remunerar.

- Posicionamento confuso: a imagem da empresa vista pelo consumidor não está provendo a alavancagem necessária.

- Posicionamento duvidoso: o apelo oferecido pela marca não é suficiente para que os consumidores aceitem remunerá-la por isso.

Adicionalmente aos critérios para auxiliar na estratégia de posicionamento, há diferenciais e características que devem ser considerados:

- **Significado**: além de o produto apresentar um diferencial frente à concorrência, este precisa ter significado para o seu público-alvo.

- **Diferenciação**: o produto deve se mostrar ao consumidor superior ao da concorrência.

- **Comunicação**: as características e vantagens do produto e/ou serviço devem ser apresentadas de forma que permita um entendimento fácil, e não dúbio por parte do consumidor.

- **Entrega e suporte**: o canal de distribuição oferecido pela empresa deve ser eficiente e confiável.

7.2.4 A Revolução Industrial 4.0 e o mercado

Com a Indústria 4.0, seus novos enfoques, a nova maneira de pensar e de se ver as relações comerciais e industriais, tudo isso traz como resultados impactos marcantes no mercado. Novas propostas de produtos, serviços ou novos modelos de negócios já apareceram e aparecerão ainda mais, novas necessidades serão geradas, resultando em um ciclo novo, no qual a maior rapidez na resposta é uma tendência inequívoca.

O incremento nas relações B2C, de novas formações e aprendizados específicos estão surgindo. A customização está sendo vista em patamares diferentes dos existentes até o momento, criando-se o modelo C2B (consumer to business).

Também a formação multidisciplinar está sendo solicitada, tendo em vista as novas necessidades suscitadas pelas **fábricas inteligentes**. Estes são somente alguns dos aspectos a serem lidados a partir desta nova Revolução Industrial.

 Fique de olho

> Conhecemos alguns conceitos básicos e muito importantes das relações mercadológicas que a organização deverá conhecer, tendo como meta manter suas relações e conquistar novas, visando a manutenção de seu posicionamento com o mercado.

7.3 Pesquisa de mercado

7.3.1 Definição

Philip Kotler (1993) define pesquisa como "sistemáticos dados e descobertas relevantes para uma situação específica de marketing que a empresa enfrenta projeto, obtenção, análise e apresentação".

As atividades de pesquisa de mercado se baseiam em analisar aspectos do ambiente associados às ações dos consumidores. O resultado desse estudo é o diagnóstico no qual se pode elencar os pontos fortes, fracos, as oportunidades, entre vários outros aspectos em uma organização.

As pesquisas de mercado devem se dar sob três óticas distintas:

Social

O atendimento às necessidades do cliente pelo produto e/ou serviço.

O marketing social deve ser visto como o desenho, planejamento e controle de programas para influenciar a aceitação de ideias sociais envolvendo considerações de planejamento de produto, comunicação, preço, distribuição e pesquisa de mercado. (KOTLER; ZALTMAN, 1971, p. 5)

Econômica

A empresa está sempre inserida em um mercado, e este cenário pode sofrer alterações quando a empresa insere um produto ou de alguma forma altera seu *mix* de produtos e/ou soluções oferecidas. Essa alteração pode lhe trazer vantagens e/ou dificuldades na sua evolução e sucesso, e esta nova situação deve ser corretamente analisada, visando sempre buscar o posicionamento mais saudável para a empresa.

Administrativa

A atividade administrativa deve atuar no sentido de alavancar a evolução e a saúde do negócio, torná-lo mais dinâmico e mais capaz de responder às necessidaes da empresa. A análise do ambiente interno da empresa permitirá identificar os aspectos que mais colaboram positivamente para esse fim, bem como delinear aqueles aspectos que deverão ser revistos e atualizados, visando o melhor desempenho da empresa.

7.3.2 Elaboração da pesquisa de mercado

a. Análise SWOT

Para elaborarmos uma pesquisa de mercado de forma eficiente, a fim de facilitar a interpretação do público a ser atingido, devemos partir do princípio de que conhecemos nosso negócio e nosso potencial. Para isso, podemos aplicar a Análise SWOT de nossa empresa.

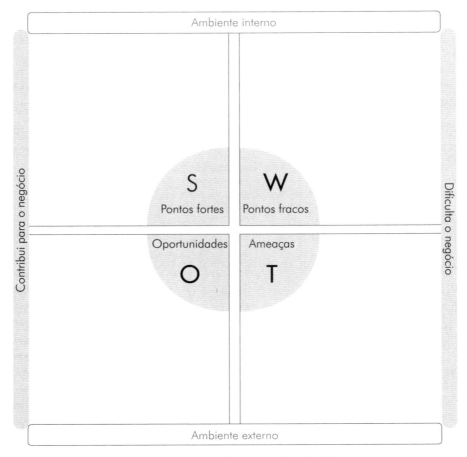

Figura 7.5 – **Modelo para análise SWOT.**

b. Público-alvo

Definir quais são os consumidores potenciais a serem endereçados.

Pessoa Jurídica

Setor econômico
☐ Governamental ☐ Empresarial ☐ Social

Tipo de sociedade
☐ Governamental ☐ Privada ☐ Mista

Atividade econômica
☐ Primária ☐ Secundária ☐ Terciária

Forma jurídica
☐ Individual ☐ Comercial ☐ Sociedade Civil ☐ Sociedade Anônima

Regime de apuração
☐ Simples ☐ Lucro real ☐ Lucro presumido N° funcionários ☐

Pessoa Física

Faixa etária

☐ Infantil (0-10) ☐ Pré-adolescente (11-15) ☐ Adolescente (15-18)

☐ Jovem (18-20) ☐ Adulto (20-50) ☐ Senior (+50)

Sexo

☐ Masculino ☐ Feminino

Atividade econômica

☐ Público ☐ Privado ☐ Ativo ☐ Inativo ☐ Sociedade Anônima

Profissão

☐ _____ Renda _____

c. Localização geográfica do público-alvo

País/Bloco/Global

☐ _____

Cidade

_____

Região

☐ _____

Bairros

_____

d. Características comportamentais do público-alvo

Atividades Sociais

Pratica esporte com qual frequência? Qual? _____ ① ② ③ 4 5 6 7 8 9

É um sócio de algum clube? Qual? _____ ① ② ③ 4 5 6 7 8 9

Utiliza e segue mídas sociais? Quais? _____ ① ② ③ 4 5 6 7 8 9

Pratica algum tipo de religição? Qual? _____ ① ② ③ 4 5 6 7 8 9

Utiliza ou possui o produto X? Qual? _____ ① ② ③ 4 5 6 7 8 9

Nível de qualidade do produto atual? ① ② ③ 4 5 6 7 8 9

Importância do preço na decisão de compra? ① ② ③ 4 5 6 7 8 9

Importância do parcelamento no preço de compra? ① ② ③ 4 5 6 7 8 9

Importância da marca na decisão de compra? ① ② ③ 4 5 6 7 8 9

Qualidade do atendimento da empresa atual? ① ② ③ 4 5 6 7 8 9

Nível de satisfação com o produto atual? ① ② ③ 4 5 6 7 8 9

Nível de satisfação com o design do produto atual? ① ② ③ 4 5 6 7 8 9

Disposição de substituir o produto no momento? ① ② ③ 4 5 6 7 8 9

e. Identificação dos principais concorrentes

Concorrentes	A	B	C
Produto/atuação			
Público-alvo			
Vantagens			
Desvantagens			
Atuação estratégica			

Nível de avalição do cliente em relação a concorrência: ⓪ Não avaliado ① Péssimo ② Regular ③ Bom ④ Ótimo ⑤ Excelente

Questões e informações sobre o público-alvo devem ser adicionadas adequadamente à base de dados, com a finalidade de apresentar a quantidade de informações necessárias para que o planejamento estratégico possa ser feito da forma mais efetiva possível.

 Fique de Olho

> Estudamos a pesquisa de mercado como uma importante ferramenta estratégica para determinar a atuação da empresa em um segmento de mercado determinado, e assim reconhecer as necessidades de seus clientes em relação aos produtos ofertados.

7.4 Determinação do preço dos produtos

Agora que você conhece o seu mercado e seus concorrentes, está na hora de pensar no preço de seu produto e a forma de praticá-lo em relação ao seu público-alvo.

Alguns fatores são determinantes para a fixação de preços e margens de lucros. Os preços ofertados pelos seus produtos e/ou serviços e a sua flexibilidade para negociar determinarão a posição de sua empresa no mercado e em relação à estratégia de seus competidores.

As empresas devem ter capacidade de negociar com diferentes níveis de clientes.

Existem várias formas de se calcular os preços pelos quais os produtos e/ou serviços serão ofertados. O administrador pode, inclusive, desenvolver suas próprias fórmulas. No entanto, o conceito de **margem adicional** é um dos mais utilizados.

Figura 7.6 – O mercado.

7.4.1 Margem adicional

Margem adicional é uma margem que será acrescentada ao custo total do produto e/ou serviço; o resultado obtido será o preço de venda. Essa margem tem por finalidade cobrir todas as despesas adicionais (sejam estas diretas ou indiretas) que a empresa tem na comercialização do produto ou serviço, e também inclui uma parcela que será o lucro da empresa.

Esses custos diretos e indiretos devem incluir, inclusive, os tributos que incidam sobre as vendas (ICMS, IPI, PIS, Cofins ou Simples), as despesas administrativas, salários, ou seja, todo tipo de custo que esteja associado às atividades do negócio. O lucro deve ser suficiente para manter a empresa ativa, incluindo investimentos necessários.

Simplificando, o preço final do produto a ser ofertado pode ser descrito como:

Custos
+ Despesas
+ Impostos
+ Lucro
Preço de venda

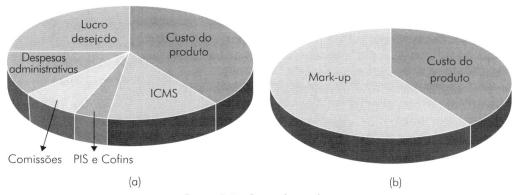

Figura 7.7 – Preço de venda.

Como a margem adicional é um percentual sobre o custo do produto, o cálculo será uma divisão (MAd), ou uma multiplicação (MAm). Vejamos a seguir como fazer esses cálculos.

Cálculo da margem adicional para operação de divisão (MAd)

A fórmula para o cálculo é:

$$MAd = (Pv - \Sigma C)/100$$

Em que:

MAd (Margem adicional): é um índice que é aplicado ao custo total do produto através de uma operação de divisão. O resultado dessa divisão é o valor pelo qual o produto deverá ser vendido.

Pv (Preço Final para Venda): é o valor de venda.

ΣC (Custo Total): estão inclusos no custo total todos os valores que incidem sobre a operação de venda.

Exemplo 1:

Vamos supor que tenhamos um painel de mensagens que apresente um custo unitário de R$ 109,00, com alíquota de ICMS de 12%, PIS e Cofins juntos somem 3,65%, a comissão do vendedor seja de 7%, o total de despesas administrativas seja de 14%, e para a qual se deseje um lucro de 29% (antes do Imposto de Renda). Note que os valores apresentados são hipotéticos para fins de exercício matemático somente.

Total dos custos (ΣC):
ICMS	=	12,00%
PIS e Cofins	=	3,65%
Comissões	=	7,00%
Despesas administrativas	=	14,00%
Lucro desejado	=	29,00%
Total (ΣC)	=	66,65%

O preço final para venda (Pv) é a totalidade das percentagens, ou seja, 100% (todas as anteriores mais a MAd).

Ao se aplicar os valores na fórmula indicada, teremos:

$$MAd = \frac{Pv - \Sigma C}{2}$$

$$MAd = \frac{100 - 65,65}{100}$$

$$MAd = \frac{34,35}{100}$$

$$MAd = 0,3435$$

Agora, aplicaremos o índice encontrado como divisor em relação ao custo unitário (R$ 109,00), ou seja:

$$Pv = \frac{109,00}{0,3435}$$

$$Pv = R\$ 317,32$$

Este valor de venda de R$ 317,32 garantirá o pagamento do custo do produto, todos os impostos e o lucro de 29%.

Cálculo da margem adicional para operação de multiplicação (MAm)

Neste cálculo, o valor da margem será multiplicado sobre o custo total do produto, para se chegar ao preço de venda.

$$Mam = \frac{100}{Pv - \Sigma C}$$

Usando-se o mesmo exemplo anterior, teremos:

$$Mam = \frac{100}{100 - 65,65}$$

$$MAm = \frac{100}{34,35}$$

$$MAm = 2,9112$$

Aplicando agora o novo índice encontrado como multiplicador em relação ao custo unitário (R$ 109,00), teremos:

$$Pv = 109,00*2,9112$$

$$Pv = 317,32$$

Colocando todos os dados anteriores em números, teremos:

Custo		= R$ 109,00
ICMS	= 12,00%	= R$ 38,08
PIS e Cofins	= 3,65%	= R$ 11,58
Comissões	= 7,00%	= R$ 22,21
Despesas administrativas	= 14,00%	= R$ 44,43
Lucro desejado	= 29,00%	= R$ 92,02
Preço de venda (Pv)	= 100,00%	= R$ 317,32

O valor da margem encontrado será então aplicado aos outros produtos da empresa, desde que as condições de impostos e lucro desejado seja a mesma, para obter rapidamente os preços de venda correspondentes.

7.4.2 Tipos de margem adicional

As fórmulas anteriores consideram custos e despesas já totalmente mensurados. Vamos, assim, usar as habilidades da contabilidade e verificar todos os fatores que influenciam na composição da margem adicional, como os custos fixos e variáveis, despesas fixas e variáveis. Isso deve ser considerado, pois o percentual de margem adicional variará para mais ou para menos como resultados de custos e despesas mais baixos ou mais altos (respectivamente).

A margem adicional pode ser:

Margem adicional total

O custo total considera todos os custos, ou seja, os custos com a fabricação e todas as despesas (varáveis, fixas, de vendas e administrativas).

$$\text{margem adicional}\% = \frac{\text{lucro desejado}}{\text{custo total}}$$

Margem adicional do produto

São considerados os custos com a fabricação e as despesas administrativas e de vendas, para a composição da margem adicional.

$$\text{margem adicional}\% = \frac{\text{lucro desejado} + \text{despesas administrativas e de vendas}}{\text{custo de fabricação}}$$

Margem adicional variável

São considerados apenas os custos fixos e as despesas fixas, mais o lucro desejado, para a composição da margem adicional. Valores variáveis (despesas e custos) serão calculados como custo.

$$\text{margem adicional}\% = \frac{\text{lucro desejado} + \text{custos fixos} + \text{despesas fixas}}{\text{custos variáveis} + \text{despesas variáveis}}$$

7.4.3 Flexibilizando preços

Com os cálculos anteriores, podemos comparar o preço do nosso produto em relação ao mercado e definir o público a ser atingido, bem como a forma de atuar junto aos diferentes níveis de clientes. Uma das formas de atingir diferentes níveis de clientes com um mesmo produto, ou seja, com um mesmo custo, é praticando diferentes percentuais de margens, de forma a manter um certo equiíibrio no preço para o consumidor final.

Os preços não devem ser estáticos, mas devem ser flexibilizados, adequando-os a várias situações.

Períodos de promoções

Ofertas e promoções de curto prazo podem atrair de volta a atenção de seus clientes, criando oportunidades de consumo.

Atendimentos por segmentos

Oferecer produtos/pacotes a segmentos especiais, como estudantes, professores, funcionários de empresas etc. também pode ser importante para manter o produto visível para o mercado.

Atendimento por regiões geográficas

O atendimento às diversas regiões do país ou do continente, ou mesmo do mundo, pode impactar a prática diferenciada de preços.

Os preços podem ser maiores em virtude dos custos de logística e da distância, ou até mesmo menores, em consequênca de benefícios e incentivos fiscais para exportações.

Por sazonalidade

Alguns segmentos exigem considerar-se as influências positivas e negativas do mercado em relação ao consumo em determinados períodos, por exemplo, uma alta de preços em função do aumento da demarda em determinado período.

 Fique de olho

> Nesta seçāc, verificamos como determinar o preço do produto a partir dos custos associados, bem como a flexibilização nas formas de negociação e nas estratégias de atuação em relação ao mercado.

7.5 Endomarketing

Dentro do processo de integração do funcionário em uma organização, cabe à empresa preparar este funcionário de forma que ele se torne o principal cliente da empresa. Só a partir daí ele estará apto a representar a empresa.

"Vender" ao funcionário um produto, uma ideia, é uma forma de ter este funcionário como um aliado do negócio, e muitas vezes o responsável direto pelo fortalecimento da marca e sucesso de uma corporação.

Esta é a ideia por trás do conceito do endomarketing, uma das áreas da administração que tem o objetivo de entender e construir estratégias mercadológicas a serem aplicadas dentro de corporações que queiram se comunicar com seu público interno.

O objetivo do endomarketing é fazer com que seus funcionários comprem a sua ideia, acreditem nos produtos que estão vendendo e se sintam parte da empresa. Quando os funcionários/colaboradores já "compraram" o produto/serviço que a empresa oferece são capazes de apresentar o bem de forma mais completa, abrangente e apaixonada, resultando em motivadores naturais. Essa estratégia resulta em profissionais que "vestem a camisa da empresa" e formam, assim, uma verdadeira parceria com a empresa.

O conceito de endomarketing é muito utilizado por profissionais das áreas de recursos humanos e de marketing. Os resultados usualmente são uma maior responsabilidade e um maior espírito de empreendedorismo por parte dos colaboradores em geral. Ou seja, as atividades de endomarketing trabalham no sentido de direcionar a energia dos colaboradores em um mesmo sentido, visando a obtenção dos resultados esperados (postura, apresentação pessoal, vocabulário adequado).

O endomarketing pode ser categorizado como um instrumento de cidadania empresarial e traz benefícios para a organização.

Redução do turnover (rotatividade)

A comunicação interna, quando bem trabalhada e aliada ao endomarketing, bem planejada e aplicada de forma clara serve como incentivo para que os funcionários trabalhem diretamente na busca do atingimento de suas metas e objetivos de forma autônoma e assertiva.

Divulgação de benefícios

Não basta utilizar benefícios apenas para atrair novos funcionários. As empresas devem inovar e renovar esses benefícios, mesmo que temporários, para que seus funcionários não percam a motivação e o foco nos resultados.

Reconhecer os resultados de todos com incentivos como descontos em academias, jantares, massagens no escritório, eventos em datas especiais etc. motivam as equipes a produzirem cada vez mais e a terem forças para superar os novos desafios.

Ações de integração

Manter as equipes integradas e com um bom relacionamento ajuda muito na obtenção de bons resultados. A divisão de setores por paredes, baias e outros obstáculos evita a formação de grupos isolados e distintos, além de competições desnecessárias entre as células de trabalho. Promover encontros e festas e comemorações conjuntas entre as células ajudam na harmonia.

Reconheça e dê prêmios

Ser reconhecido é sempre muito bom, mas ser reconhecido por todos na empresa é melhor ainda. Trabalhar esse reconhecimento dentro das mídias de comunicação interna da empresa valoriza e estimula ainda mais ao colaborador e toda a equipe, fazendo-os buscar a superação individual e, por consequência, as metas de equipes.

Conhecimento e engajamento estratégico

Manter os colaboradores bem informados das metas, objetivos e planos da empresa, alinhados ao reconhecimento individual e em grupo, torna-se uma excelente e poderosa ferramenta de engajamento, além de facilitar o trabalho dos líderes, mantendo os colaboradores sempre alinhados com as ideias da organização.

O endomarketing é uma prática poderosa quando bem planejado e aplicado, tornando-se essencial para a gestão corporativa. Ele contribui para que as lideranças da organização, em conjunto com as áreas de comunicação, marketing e recursos humanos apresentem de forma tão clara e inequívoca quanto possível aqueles valores da empresa que consideram os que direcionarão os empregados e os alinharão com os objetivos do negócio.

Reconhecer e demonstrar o valor e a importância de cada funcionário para a organização é uma das formas de manter a paixão e a autorrealização de cada um dentro do ambiente organizacional.

 Fique de olho

> Nessa seção, vimos a importância de criar uma identidade, um vínculo forte e um relacionamento saudável entre a empresa e seus colaboradores, como forma de solidificação da imagem da empresa.

7.6 Propaganda

7.6.1 A empresa se comunicando com o mercado

Quando se pretende fazer a aquisição de um bem ou serviço, o comprador analisará as opções existentes e verificará aquela que melhor atende a suas necessidades. Ou seja, qualquer empresa que pretenda vender seu produto e/ou serviço necessita apresentá-lo ao comprador potencial, e em uma escala maior, ao mercado. É nesse momento que a propaganda é essencial.

Uma propaganda adequada alavanca vendas, mantém e melhora a imagem do produto e/ou serviço no mercado, bem como a imagem da empresa que o comercializa. Ela deve conter elementos que salientem as vantagens e características, apresentem os benefícios, entre outros.

A propaganda, para cumprir com essas finalidades, deve ser adequada ao público que se pretende atingir, ou seja, aquelas pessoas ou empresas que se entende serem as que comprarão o produto e/ou serviço em questão. Para isso, ela deve utilizar um meio de comunicação adequado, que é aquele com que este público terá contato.

Atualmente, dentre os meios de comunicação mais utilizados, estão os apresentados no Quadro 7.1.

Quadro 7.1 – Vantagens e desvantagens da publicidade

Meio de comunicação	Vantagens/pontos fortes	Desvantagens/pontos fracos
Internet	• Através da inteligência artificial, consegue-se detectar interesses de clientes potenciais e apresentar uma resposta imediata. • Ferramenta para apresentação institucional. • Ferramenta de vendas diretas (B2B, B2C). • Atinge o consumidor diretamente.	• Alguns sites apresentam excesso de anúncios. • Falhas em sinal podem fazer com que a mensagem não atinja o alvo previsto. • A credibilidade pode ser questionada em determinados casos.
Televisão	• Bom impacto junto ao mercado. • Potencial de maior cobertura. • Áudio e vídeo integrados.	• Custos de produção e de reprodução muito elevados. • Excesso de comerciais, resultando em falta de foco, devido ao excesso de anúncios (podendo, inclusive, ficar próximo ao anúncio da concorrência).
Telemarketing	• Bom alcance em um único dia. • Flexibilidade de alcance geográfico. • Disponibilidade para fazer promoções e comercialização direta.	• A comunicação está sujeita a questões de qualidade. • Custo alto. • A qualidade do atendimento sofre variações. • Receptividade questionável.
Rádio	• Seletividade. • Custo de produção baixo. • Alta frequência.	• Excesso de comerciais. • Custo elevado por horário e programa. • Somente áudio.
Revista	• Excelente acabamento e apresentação visual. • Variedade de conteúdos. • Possibilidade de selecionar o público a ser atingido.	• Custo alto. • Falta de foco, em virtude do excesso de anúncios (podendo, inclusive, ficar próximo ao anúncio da concorrência). • Inserção sem possibilidade de controlar as abordagens e os assuntos tratados, que podem trazer relação negativa ao produto. • Periodicidade de anúncio faz com que este demore muito a aparecer ou a ser repetido.
Marketing de patrocínio	• Excelente alcance por período indeterminado. • Flexibilidade de alcance geográfico. • O público a ser atingido pode ser determinado e selecionado.	• Seletividade. • Custo alto. • Pode ser prejudicial a determinados públicos (rivalidade no caso de competições esportivas).
Jornal	• Bom alcance em um único dia. • Flexibilidade de alcance geográfico. • Disponibilidade para incluir promoções.	• Impossibilidade de selecionar o público a ser atingido. • Custo alto. • Baixa qualidade da apresentação visual.

7.6.2 Políticas e programas de fidelização

As políticas e os programas de fidelização, se adotados e aplicados de uma maneira correta pelas empresas, são uma excelente forma de manutenção e aproximação dos clientes, possibilitando um menor custo de investimentos em novos clientes.

Uma empresa com altos índices de relacionamento com seus clientes dificilmente necessita investir em propaganda de massa, pois sempre estará na mente de seus clientes na hora da compra.

Os programas de fidelização podem oferecer descontos, prêmios, incentivos à cultura e outras formas de socializar e para manter um relacionamento com o cliente em tempo integral.

Comunicação de ponto de venda

A comunicação no ponto de venda tem por finalidade funcionar como um "vendedor adicional" que passa mais informação sobre promoções, características únicas ou importantes do produto, entre tantas outras, e que podem influenciar sobre escolhas e/ou decisões de compras. Essa técnica é uma das mais antigas nas atividades de venda e pode ser feita utilizando-se placas, cartazes, *displays*, *outdoors* ou outras formas de comunicação visual.

Em muitos locais, este tipo de comunicação visual é regulamentado. Assim, sua elaboração deve ser criteriosa de forma a atender à finalidade a que se propõe e manter-se de acordo com as legislações. Uma peça projetada de forma inadequada pode resultar em poluição visual excessiva, impactando negativamente para determinados públicos, ou ainda gerar multas.

Fique de olho

> Neste capítulo, estudamos a publicidade que, se utilizada de forma eficiente, torna todo esforço empregado no desenvolvimento de novos produtos conhecidos pelo consumidor, de forma a atrair sua atenção e atingir os objetivos estratégicos.

Capítulo 8

Exercícios para Fixação

Capítulo 1 – Visão sobre a administração

História da administração

1. Relacione os eventos com as respectivas datas e pessoas.

Responsável	Ano do evento	Evento
1. Ishikawa	( ) 1951	( ) Sistema Toyota de Produção
2. Genichi Tagushi	( ) 1913	( ) Primeira linha de produção
3. Walter A. Shewhart	( ) 1950	( ) Produtos inovadores com alta qualidade
4. Henry Ford	( ) 1957	( ) Princípio do controle de qualidade
5. Joseph M. Juran	( ) 1931	( ) Zero defeito
6. Philip Bayard Crosby	( ) 1943	( ) Diagrama de causa e efeito
7. William Edwards Deming	( ) 1950	( ) Ciclo PDCA

2. Relacione as datas aos eventos na cronologia evolutiva da administração.

	Ano	Evento	
1.	1870	Informática e robótica integradas aos meios de produção	( )
2.	1760	Integração entre realidade real e virtual	( )
3.	2011	Utilização de máquinas a vapor como fonte de energia	( )
4.	1945	Produção em massa, processos tecnológicos	( )

O empreendedorismo em uma economia globalizada

1. Pela visão empresarial atual, quais as características necessárias ao empreendedor corporativo?

2. Em relação aos mercados globalizados, qual o posicionamento que se espera dos novos gestores?

3. Como deve ser a atividade dos gestores em relação aos investimentos em mercados globalizados?

4. Em relação aos diferentes cenários mercadológicos globais, como deve ser a postura do gestor?

A empresa

A partir deste momento vamos dirigir nossos estudos à elaboração de um novo negócio, aplicando as teorias.

O conceito do negócio pode ser desenvolvido diferentemente do modelo aqui sugerido, podendo este ser utilizado apenas como guia de aprendizado.

Em nosso trabalho, iremos conceituar uma empresa para fabricação e comércio de drones.

1. Para iniciarmos o projeto da nova empresa, será necessário definirmos os recursos necessários que, agregados a objetivos comuns, poderão tornar realidade a organização. Quais são esses recursos?

2. Para modelarmos a estrutura organizacional adequada para a nova empresa, quais os sistemas que devemos definir e descrever?

3. Elabore o organograma, prevendo a estrutura inicial dessa nova organização. Utilize preferencialmente algum software de modelagem eletrônico; caso não seja possível, utilize as tradicionais réguas com os símbolos de notação.

Classificação das empresas

1. Elabore a classificação da nova empresa para fins de registros na junta comercial e elaboração de contrato social.

Indústria 4.0

1. Para que possamos iniciar o desenvolvimento de uma empresa competitiva dentro dos novos moldes da Indústria 4.0, devemos basear nossas tomadas de decisões em novos princípios. Defina-os.

Capítulo 2 – Planejamento

O planejamento da empresa

1. Descrever a missão, a visão e os valores que servirão de guias para os negócios da empresa.

Etapas do planejamento

1. Elabore um modelo de cronograma de planejamento de uma empresa

Diagnóstico da empresa

1. Agora, dando continuidade ao estudo de planejamento e avaliação de negócios já iniciado, você deverá:
   1. Elaborar a Análise SWOT.
   2. Propor ações para melhorar o posicionamento identificado na análise.

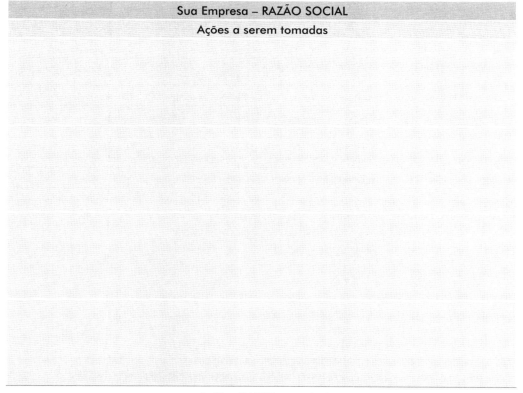

Análise SWOT – resultados.

Administração de recursos humanos

1. A partir do organograma elaborado anteriormente, elabore uma descrição de cargo adequada para o modelo empresarial definido por você, para uma área definida no organograma.

Solicitante
- Centro de custo
- Diretoria
- Gerência
- Setor
- Código do cargo
- Cargo
- Nível plano carreira
- Classificação da vaga: ☐ Reposição de vaga ☐ Vaga nova ☐ Cadastro reserva
- Propriedade da seleção: ☐ Alta ☐ Média ☐ Baixa
- Salário

Requisitos mentais
- Instrução - escolaridade: ☐ Primeiro grau ☐ Segundo grau ☐ Superior incompleto ☐ Superior completo ☐ Pós-graduado
- Conhecimentos de informática: ☐ Básico ☐ Intermediário ☐ Avançado ☐ Não se aplica
- Conhecimentos profissionais: ☐ Nível técnico ☐ Nível sistêmico ☐ Não se aplica
- Experiência profissional: ☐ Seis meses ☐ Um ano ☐ Dois anos ☐ Três anos ☐ +
- Concentração mental exigida pelo cargo: ☐ Simples - nenhuma ☐ Regular - pouca ☐ Cansativo - alguma ☐ Desgastante - excessiva

Responsabilidades do cargo
- Responsabilidade por dinheiro: ☐ Não lida com dinheiro ☐ Lida com pouco dinheiro ☐ Lida com algum dinheiro ☐ Lida com muito dinheiro
- Responsabilidade por máquinas, equipamentos e bens da empresa: ☐ Não lida ☐ Pouca responsabilidade ☐ Alguma responsabilidade ☐ Muita responsabilidade

Necessidades físicas
- Esforço físico do cargo: ☐ Levíssimo - nenhum esforço ☐ Leve - pouco esforço ☐ Regular - algum esforço ☐ Pesado - muito esforço

Riscos do cargo
- Insalubridades do cargo: ☐ Grau mínimo ☐ Grau médio ☐ Grau máximo ☐ Inexistente
- Periculosidade do cargo: ☐ Sim ☐ Não

Descrição das atividades

Aprovações
- Diretoria
- Gerência
- Setor

2. A partir das descrições de cargos elaboradas, reunir-se em grupos e analisar o perfil individual de cada participante e identificar os que melhor se adequem às vagas, áreas e atividades descritas.

Dinâmica de grupo

Carro ecológico de corrida

Materiais:

- 1 folha de papel A0 ou de flip chart por grupo
- 1 tesoura
- 1 bastão de cola
- 1 lápis
- 1 régua

Os participantes deverão construir um carro de corrida movido a energia natural que deverá funcionar remotamente, sem o contato humano direto.

Tempo para desenvolvimento e construção: 1h30.

Os participantes deverão escolher um representante de sua equipe que irá alinhar seu carro com os demais e irão participar de uma corrida de carro para identificar o melhor projeto.

Noções de Direito Trabalhista

1. Para um funcionário mensalista que trabalhou o mês de março/2017 com salário de R$ 1.080,00 mensais e que utiliza dois vales-transporte diariamente, possui dois dependentes menores de 14 anos e não possui nenhuma falta ou atraso, calcule o pagamento a ser efetuado em 31/3/2017.

logo empresa		Demonstrativo de pagamento	
		Mês ref.:	março/2017
		Data pagto.	31/03/2018
		Bco. Ag. C.C	458-00808-9

Funcionário:	Admissão:	Nº Funcional:
Zenilda Aparecida	01/01/2018	1

Cargo:	Lotação:	Remuneração:
Faxineira	01.001.0003-122014	R$

Base INSS:	Base IRRF	IRRF	0,00%	Base FGTS	FGTS
R$	R$		0,00	R$	R$

Vencimentos			Descontos		
Código	Descrição	Valor	Código	Descrição	Valor
100	Salário		501	INSS	
150	Salário-família		502	IRRF	
155	Vale-transporte		155	Vale-transporte	
			Líquido a receber:	R$	

2. Considere o pagamento para o mesmo funcionário, porém com uma falta no mês.

logo empresa		Demonstrativo de pagamento	
		Mês ref.:	março/2017
		Data pagto.	31/03/2018
		Bco. Ag. C.C	458-00808-9

Funcionário: Zenilda Aparecida	Admissão: 01/01/2018	Nº Funcional: 1
Cargo: Faxineira	Lotação: 01.001.0003-122014	Remuneração: R$

Base INSS: R$	Base IRRF R$	IRRF 0,00% 0,00	Base FGTS R$	FGTS R$

Vencimentos			Descontos		
Código	Descrição	Valor	Código	Descrição	Valor
100	Salário		501	INSS	
150	Salário-família		502	IRRF	
155	Vale-transporte		155	Vale-transporte	
			503	Faltas e atrasos	
			504	DSR (Desconto)	
			Líquido a receber:		R$

3. Para uma empresa não optante do Simples, os encargos e as contribuições incidentes sobre o valor da folha são de:

Tipo	Alíquota	Valor
Contribuição à Previdência Social (INSS)	20%	
Fundo de Garantia por Tempo de Serviço (FGTS)	8%	
Salário-educação	2,5%	
Senac/Sesc	1,5%	
Senai/Sesi	1%	
Sebrae	0,6%	
Incra	0,2%	
Risco de Acidente do Trabalho (RAT): alíquota variável, de acordo com o nível de risco de acidente de trabalho, a ser aplicada sobre o valor da folha de pagamento para a cobertura deste seguro. É de:		
Empresa com risco **leve** de acidente do trabalho:	1%	x FAP
Empresa com risco **médio** de acidente do trabalho:	2%	x FAP
Empresa com risco **grave** de acidente do trabalho:	3%	x FAP
Fator Acidentário de Prevenção (FAP)		
0,5000 a 2,0000, aplicado com quatro casas decimais, a incidir sobre a alíquota RAT de 1%, 2% ou 3%		
PIS – Programa de Integração Social	1%	
Total		

4. Sobre a folha de salário, a empresa deverá efetuar a provisão mensal de férias e 13º salários a serem pagos. Calcule o valor bruto (sem os encargos) das provisões para a funcionária citada.

A empresa deverá provisionar R$ 210,00 mensalmente a título de provisão de férias da funcionária e 13º salário para fazer frente às despesas após um ano.

Capítulo 3 – Organização da Empresa

Espaços físicos em ambientes corporativos

1. Com base nas necessidades de relacionamentos entre as áreas e atividades, elabore um gráfico indicando a necessidade de proximidade entre as atividades para a elaboração do *layout* da empresa.

Absolutamente necessário	Muito importante	Importante	Pouco importante	Desprezível	Indesejável
⟶	⟶	⟶	⟶		⟶

2. Elabore o relatório de atividades desenvolvidas por área apontando as características e os riscos ergonômicos existentes em cada uma.

Riscos ergonômicos e ambientais	
Código área Nome	
Condições ambientais	**Condições ergonômicas**
Temperatura do ambiente	Movimentos repetitivos
☐ Negativa (abaixo de -30) ☐ Positiva (0° a 10°)	☐ Cabeça ☐ Pés
☐ Negativa (-20 a -30) ☐ Positiva (10° a 21°)	☐ Tronco
☐ Negativa (-11 a -20°) ☐ Positiva (21° a 30°)	☐ Braços
☐ Negativa (-1 a -10°) ☐ Positiva (30° a 40°)	☐ Mãos
☐ Negativa (abaixo de 0°) ☐ Positiva (acima de 40°)	☐ Pernas
	Intervalo
Iluminação adequada	**Postura**
Lúmens necessários: Lúmens identificados:	☐ Natural – ☐ Forçada
	☐ Em pé – ☐ Sentado
Índice de ruído do ambiente:	**Trabalho prolongado:**
dB:	Manhã: início: Manhã: intervalo:
	Tarde: início: Tarde: intervalo:
	Noite: início: Noite: intervalo:
	Noturno: início: Noturno: intervalo:
Ventilação do ambiente:	**Movimentos forçados:**
☐ Externo ☐ Ventilação natural janelas	☐ Movimentos leves
☐ Sem ventilação	☐ Movimentos médios
☐ Ventilação forçada ☐ Ar-condicionado	☐ Movimentos pesados

Organização da empresa

1. Explique os objetivos das normas e procedimentos organizacionais.

2. Explique os objetivos e as hierarquias das normas técnicas.

Tratamento de informações

1. Com base nos valores definidos na visão, na missão e nos valores da empresa, definiremos alguns critérios importantes para a definição da personalidade da organização e de seu ambiente de trabalho. São eles os princípios éticos e morais que irão reger o dia a dia da organização, evitando desvios de conduta.

Meios de produção e trabalho

1. A partir da definição de nosso ambiente de trabalho e nosso organograma, devemos começar a definir os equipamentos que serão utilizados em cada área, sejam as áreas administrativas ou industriais.

Solicitação de equipamentos, móveis e utensílios por área			
Cód. depto.	Descrição equipamento L × A × P	Quant.	Cód. equip.

Ferramentas da qualidade

1. Em uma empresa de pequeno porte, registrou-se uma acentuada queda na qualidade de produção no último bimestre, houve um elevado número de perdas, pois as peças foram elaboradas fora dos padrões em virtude de erro de programação dos equipamentos. Isso ocasionou uma perda expressiva de materiais de aproximadamente R$ 80.000,00. Também houve um aumento no número de acidentes, com a falta de organização e limpeza nos postos de trabalho, e também perda de tempo na localização de ferramentas. Notou-se que os funcionários estão desmotivados como consequência do cancelamento de alguns benefícios, em virtude de problemas de conduta. O excesso de faltas e atrasos contribuiu para essa tomada de decisão por parte da empresa. Os funcionários também passaram a ter uma menor tolerância no tempo admitido para seus atrasos e passou-se a descontar todas as faltas e atrasos. A empresa passou também a exigir o uso de uniformes em todas as áreas, inclusive nas administrativas, visto a extravagância apresentada por seus funcionários, quando não era exigido o uso dos uniformes. Foram também instituídas regras mais claras e punitivas quanto ao uso de vocabulário não formal e inadequado no relacionamento profissional. Elabore o relatório 5W2H visando identificar os problemas descritos pela empresa, de forma a esclarecer as ações da empresa e reduzir a desmotivação, e para que os funcionários se adequem e retomem a produtividade.

	Descrição
What?/O quê?	
Why?/Por quê?	
Where?/Onde?	
When?/Quando?	
Who?/Quem?	
How?/Como?	
How much?/Quanto custa?	

2. Defina a prioridade para o solucionar os problemas utilizando a ferramenta GUT.

Relatório de avaliação G × U × T				
Problemas detectados	G	U	T	Prioridade

Saúde e segurança do trabalho

1. De acordo com as características identificadas nos ambientes da empresa, elabore as necessidades de equipamentos de proteção individuais e coletivos a serem implementados pela empresa.

EPI e EPC necessários para as atividades da área		
Código Área	Nome	
EPI - EPC	Descrição	Norma
☐ EPI ☐ EPC		
☐ EPI ☐ EPC		
☐ EPI ☐ EPC		
☐ EPI ☐ EPC		
☐ EPI ☐ EPC		
☐ EPI ☐ EPC		
☐ EPI ☐ EPC		
☐ EPI ☐ EPC		

A empresa e a qualidade ambiental

1. Para que a empresa possa desenvolver políticas de gestão ambiental, quais critérios e ações ela deverá desenvolver?

Arranjo físico das instalações

1. Com base nos equipamentos solicitados no exercício 1 de meios de produção e trabalho, elabore o *layout* de sua empresa calculando e otimizando os espaços físicos.

Capítulo 4 – Administração da produção

Planejamento e controle da produção

1. Elabore a ficha de produção de um produto calculando todos os tempos de processos e materiais.

A Revolução Industrial 4.0 e as fábricas inteligentes

1. Quais são os principais fatores que caracterizam o conceito de Indústria 4.0?
2. Identifique os pilares da Indústria 4.0.

Capítulo 5 – Logística

Logística

1. Identifique no organograma os principais fornecedores de informações para a gestão de materiais.

Exercícios Propostos para Fixação

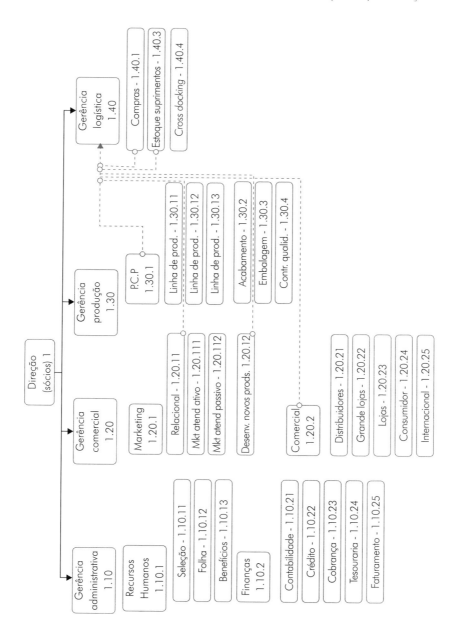

2. Quais são os principais focos do *supply chain management*?

3. Para que a empresa possa garantir seus produtos, quais são os critérios a serem observados em relação aos materiais?

4. Para que a área de compras seja eficiente, de forma a atender às necessidades da produção, quais os critérios que devem ser adotados?

Transporte

1. No Brasil, qual é o modal de transporte que está em pleno crescimento e por quê?

Armazenagem

1. Por que as empresas estão mudando o sistema de armazenagem para o *cross docking*?

Administração de estoques

1. Para ser classificado como excelente, o sistema MRP deve gerenciar em tempo real quais informações sobre os materiais?
2. Explique como a utilização do *just in time* colabora com a administração de materiais.

Principais elementos dos custos logísticos

1. Elabore um modelo de planilha de custos de transporte logístico mensal para um pequeno veículo (VUC) de entregas locais.
2. Elabore uma planilha de custos mensais de armazenagem.

Embalagens

1. O que são embalagens primárias e qual é a sua finalidade?

Capítulo 6 – Contabilidade

Contabilidade introdutória

1. Com base nos lançamentos descritos a seguir, referentes à Empresa Treinamento Ltda., elaborar o plano de conta, lançamentos no Livro Diário, lançamentos no Livro Razão, balancete de verificação e o Balanço Patrimonial.
    1. 2/1/2018 – abertura da empresa, com capital inicial de R$ 2.500.000,00;
    2. 2/1/2018 – abertura de conta-corrente:
        a. Banco dos Empresários S.A., no valor de R$ 950.000,00.
        b. Banco Aplicação S.A., no valor de R$ 850.000,00.
        c. Banco Fictício S.A., no valor de R$ 650.000,00.

3. 30/1/2018 – pagamento da folha de salários administrativa, no valor de R$ 410.000,00, sendo:

   a. 45% em cheque do Banco Aplicação.

   b. 30% em cheque do Banco Empresários.

   c. 25% em cheque do Banco Fictício.

4. 3/2/2018 – compra de mercadorias a prazo no valor de R$ 700.000,00, com vencimento para 30 dias.

5. 3/2/.2018 – pagamento de conta de energia elétrica no valor de R$ 22.000,00 no Banco Fictício.

6. 3/2/2018 – pagamento de IPTU (Imposto Predial Territorial e Urbano) do escritório no valor de R$ 24.400,92 no Banco Aplicação.

7. 3/2/2018 – pagamento do aluguel do escritório no valor de R$ 7.800,00, sendo 50% cheque do Banco dos Empresários, 50% em cheque do Banco Fictício.

8. 3/2/2018 – compra de móveis no valor de R$ 60.111,08, com pagamento de 50% com cheque do Banco Aplicação e 50% em cheque do Banco dos Empresários.

9. 3/2/2018 – compra de equipamentos de informática no valor de R$ 10.800,00, com pagamento no Banco dos Empresários.

10. 3/2/2018 – pagamento de despesas com cópias no valor de R$ 40,07 em dinheiro.

11. 10/2/2018 – venda de R$ 240.000,00 de mercadorias com lucro de 40%, a prazo, com recebimento para 30, 60 e 90 dias.

12. 10/3/2018 – recebimento de um boleto em dinheiro no valor de R$ 112.000,00 pelo Banco Fictício.

13. 10/4/2018 – recebimento de um boleto em dinheiro no valor de R$ 112.000,00, pelo Banco Fictício.

Introdução à gestão de custos

1. Explique a diferença entre custos e despesas.

2. O que são custos diretos e indiretos?

Elementos de custos

1. Quais são os principais elementos dos custos de produção?

2. Elabore um modelo de ficha de custo de produção.

Sistema Financeiro Nacional

1. Explique a importância do conhecimento do Sistema Financeiro Nacional para o administrador e empreendedor.

2. Qual tipo de instituição financeira seria ideal para uma empresa que busca recursos financeiros para ampliar seus negócios?

Introdução à organização Financeira e Tributária

1. Defina tributo e explique qual o significado de compulsório em sua definição.
2. Dê um exemplo de taxa, imposto e contribuição.
3. O que é o fato gerador?

Capítulo 7 – Marketing

Marketing – introdução

1. Defina ação de marketing.
2. Defina o composto mercadológico.

O mercado

1. O que significa segmentar o mercado?
2. Para que serve a segmentação de mercado para as empresas?

Pesquisa de mercado

1. Explique as três óticas da pesquisa de mercado.
2. Qual é o objetivo das pesquisas de mercado?

Determinação do preço dos produtos

1. Uma revenda de veículos adquiriu uma motocicleta por R$ 12.750,00. Para a venda ao consumidor, deverá ser recolhido 11% de IPI, 18% de ICMS, total de 4,65% referente a PIS + Cofins. A comissão do vendedor é de 4,5 %, as despesas administrativas somam 3,3% e o lucro desejado, antes do imposto de renda, é de 22%.

Custo de aquisição do veículo	=
IPI	=
ICMS	=
PIS e Cofins	=
Comissões	=
Despesas administrativas	=
Lucro desejado	=
Preço de venda (Pv)	=

$$MAd = (Pv - \Sigma C)/100$$

$$MAd =$$

$$MAd =$$

$$Pv =$$

$$Pv =$$

Custo de aquisição do veículo		=
IPI	=	=
ICMS	=	=
PIS e Cofins	=	=
Comissões	=	=
Despesas administrativas	=	=
Lucro desejado	=	=
Preço de venda (Pv)	=	=

2. Neste exemplo, temos uma chapa de Lexan de 3 mm de espessura, para a qual o custo do m^2 é de R$ 38,00. Já sabemos que a margem MAm é de 1,998 e que o preço de venda (Pv) é de R$ 75,92.

Custo do Lexan		=
ICMS	=	
PIS e Cofins	=	
Comissões	=	
Despesas administrativas	=	
Lucro desejado	=	
Preço de venda (Pv)	=	=

$$MAm = \frac{100}{Pv - \Sigma C}$$

O lucro projetado para a MAm de 1,998, nas condições anteriores, é de _____, ou seja, R$ _____ para cada m^2 de Lexan 3 mm.

Endomarketing

1. Explique a importância do endomarketing na organização.

2. Como o endomarketing pode reduzir o *turnover* da empresa?

3. Como o endomarketing pode atrair novos talentos para as empresas?

Propaganda

1. Qual é a importância da propaganda para a empresa e para o produto?
2. Como definir o melhor canal ou ferramenta para atingir nosso mercado?
3. Como funcionam as comunicações em pontos de vendas?

Referências bibliográficas

ASSAF NETO, A. **Mercado financeiro**. 13. ed. São Paulo: Atlas, 2005.

BANCO CENTRAL DO BRASIL. Disponível em: <www.bcb.gov.br>. Acesso em: 4 dez. 2017.

BLOG BRASIL WESTCON. **Top 10 melhores práticas de segurança em Big Data**. Disponível em: <http://blogbrasil.westcon.com/top-10-melhores-praticas-de-seguranca-em-big-data>. Acesso em: 24 dez. 2017.

BOSCH DO BRASIL. Disponível em: <www.brasil.bosch.com.br/pt/br/br_main/sustainability_innovation_1/values_1/values-landingpage.html>. Acesso em: 30 nov. 2017.

BRASIL. Ministério do Trabalho. **Decreto-lei n.º 5.452, de 1.º de maio de 1943**. Rio de Janeiro, 1943. Disponível em: <www.planalto.gov.br/ccivil_03/decreto-lei/Del5452.htm>. Acesso em: 30 nov. 2017.

_____. **Lei n.º 5.889, de 8 de junho de 1973**. Disponível em: <www.planalto.gov.br/ccivil_03/leis/L5889.htm>. Acesso em: 23 dez. 2017.

_____. **Constituição de República Federativa do Brasil de 1988**. Disponível em: <www.planalto.gov.br/ccivil_03/constitu cao/constituicao.htm>. Acesso em: 23 dez. 2017.

_____. Ministério da Previdência Social. **Lei n.º 8.213, de 24 de julho de 1991**. Brasília, 1991. Disponível em: <www.planalto.gov.br/ccivil_03/leis/L8213cons.htm>. Acesso em: 4 dez. 2017.

_____. **Lei n.º 11.788, de 25 de setembro de 2008**. Brasília, 2008. Disponível em: <www.planalto.gov.br/ccivil_03/_ato2007-2010/2008/lei/l11788.htm>. Acesso em: 30 nov. 2017.

CHIAVENATO, I. **Administração, teoria, processo e prática**. São Paulo: Makron Books, 1994.

CONFERERAÇÃO NACIONAL DA INDÚSTRIA (CNI). **Pesquisa inédita da CNI mostra cenário da Indústria 4.0 no Brasil**. 30 maio 2016. Disponível em: <www.portaldaindustria.com.br/agenciacni/noticias/2016/05/pesquisa-inedita-da-cni-mostra-cenario-da-industria-4-0-no-brasil?>. Acesso em: 11 dez. 2017.

DOLABELLA, F. **O segredo de Luísa**. São Paulo: Cultura, 1999.

DRUCKER, P. **Administrando em Tempos de Grandes Mudanças**. São Paulo: Pioneira, 1995.

FERRELL, O. C. **Estratégia de marketing**. Tradução de Ailton Bomfim Brandão. São Paulo: Atlas, 2000.

JURAN, J M. **Juran na liderança pela qualidade**. 2. ed. São Paulo: Pioneira, 1990.

FORTUNA, E. **Mercado financeiro**: produtos e serviços. 21. ed. São Paulo: Qualitymark, 2017.

INTERNATIONAL INSTITUTE OF AMMONIA REFRIGERATION. Disponível em: <www.iiar.org/IIAR/WCM/News/2016/October/WCM/IIAR_News/News_Announcements/October_2016/Kigali_Global_Accord>. Acesso em: 4 dez. 2017.

IUDÍCIBUS, S.; MARTINS, E; GELBCKE, E. R. (Coord). **Contabilidade introdutória**. São Paulo: Atlas, 1998.

KOTLER, P. **Administração de marketing**: análise, planejamento, implementação e controle. São Paulo: Atlas, 1996.

_____. **Marketing para o século XXI**: como criar, conquistar e dominar mercados. Tradução de Bazán. 13.ed. São Paulo: Futura, 1999.

_____. **Princípios de Marketing**. São Paulo: Prentice-Hall, 1993.

KOTLER, P.; ZALTMAN, G. **Social marketing**: an approach to planned social change. New York: American Marketing Association, 1971.

MARTINS, S. P. **Manual do FGTS**. 3. ed. São Paulo: Atlas, 2006.

MAXIMIANO, A. C. A. **Teoria geral da administração**: da escola científica à competitividade na economia globalizada. 2. ed. São Paulo: Atlas, 1992.

MERCEDES-BENZ. **Visão e missão**. Disponível em: <www.mercedes-benz.com.br/institucional/empresa/visao-e-missao>. Acesso em: 11 dez. 2017.

MUTHER, R. **Planejamento de layout**. Boston: Cahners Books, 1973.

OLIVEIRA, D. P. R. **Sistemas, organização e métodos:** uma abordagem gerencial. São Paulo: Atlas, 1998.

PACHECO, A. **Meio ambiente e cemitérios**. São Paulo: Senac, 2000.

PIKE, P. **Marketing strategy workbook**. UCSD Extension, 1997.

PREDIX. **The Industrial Internet of Things Platform Brief**. General Electric. Disponível em: <www.predix.io/>. Acesso em: 11 dez. 2017.

SAMARA, B. S.; MORSCH, M. A. **Comportamento do consumidor**: conceitos e casos. São Paulo: Pearson/Prentice-Hall, 2005.

SAS. Disponível em: <www.sas.com>. Acesso em: 24 dez. 2017.

SCHWAB *apud* CONSULTOR JURÍDICO. **Ideias do milênio.** 17 jun. 2017. Disponível em: <www.conjur.com.br/2017-jun-17/entrevista-klaus-schwab-fundador-forum-economico-mundial>. Acesso em: 24 dez. 2017.

STONER, J. A. F.; FREEMAN, R. E. **Administração**. Rio de Janeiro: LTC, 1999.

TUBINO, D. F. **Manual de planejamento e controle da produção**. São Paulo: Atlas, 1997.

ZAHRA, S. A. et al. Globalization of Social Entrepreneurship Opportunities. **Strategic Entrepreneurship Journal**, n. 2, p. 117-113, 2008.